Juegos de olfato y rastreo
Diversión para tu perro

AUTORA: KRISTINA FALKE I FOTOGRAFA: ANGELA KRAFT

HISPANO EUROPEA

Índice

54 No funciona

Extras

AVISOS IMPORTANTES

- **Póliza de seguros:** Incluso los perros más educados y sometidos a la más cuidadosa vigilancia pueden causar daños a los bienes ajenos e incluso a las personas. Por tanto, siempre resulta muy aconsejable contratar una póliza de seguros para perros.
- **Comportamiento:** Las reglas de comportamiento y consejos contenidos en esta guía se refieren a perros con un desarrollo normal, unas buenas condiciones de cría y, por tanto, sanos y en un estado impecable. Si a usted se le presenta algún problema, lo más razonable es pedir ayuda a un adiestrador experto.

Título de la edición original: Schnüffelspaß für Hunde

Es propiedad, 2010
© Gräfe und Unzer Verlag GmbH, Múnich (Alemania)

© de la edición en castellano, 2012
Editorial Hispano Europea, S. A.
Primer de Maig, 21 - Pol. Ind. Gran Via Sud
08908 L'Hospitalet - Barcelona, España.
E-mail: hispanoeuropea@hispanoeuropea.com
Web: www.hispanoeuropea.com

© de la traducción: Eva Nieto

Depósito Legal: B. 1136-2012
ISBN: 978-84-255-2001-3

Impreso en España
Limpergraf, S. L.
Mogoda, 29-31 (Pol. Ind. Can Salvatella)
08210 Barberà del Vallès

Olfatear es divertido

Los perros exploran su mundo gracias a la nariz. Les entusiasma cualquier ocupación o juego en el que puedan emplear su órgano olfativo. No aprenden a olfatear, se trata de un auténtico *talento natural*; el ser humano solo debe ponerles en claro lo que deben buscar.

Una ocupación adaptada a la especie

«Yo huelo lo que tú no puedes oler». Si mi perro pudiera hablar, se lo escucharía decir a diario. Apenas empiezo a buscar las llaves me encuentro con que el animal viene hacía mí con ellas en la boca. En su búsqueda mi amigo emplea por iniciativa propia su sensible olfato, no importa que se trate de encontrar objetos perdidos o de localizar a un miembro de la familia que se ha escondido.

Jogging cerebral para perros

Esta actividad produce un positivo efecto secundario, pues cualquier perro que emplee de forma consciente su nariz y aprenda a seguir un rastro de forma paciente y perseverante se encuentra en plena ocupación mental. Si, después de un trabajo de cabeza y olfato de unos 20 minutos, encuentra el objeto o tiene éxito en la búsqueda de las personas, acusará más cansancio que si hubiera dado un paseo de tres horas. ¡Pruébelo usted mismo! Los juegos de olfatear se pueden practicar en cualquier excursión habitual. De este modo el perro hace ejercicio físico, algo imprescindible para su vida, y además le aportarán ciertos cambios en su quehacer diario. Si tanto usted como él trabajan de forma diligente, el animal podrá seguir un rastro a lo largo de un extenso recorrido y además no lo hará despacio, sino a su propia velocidad de trabajo, la mayoría de las veces al trote, mientras su nariz trabaja en el rastro. Esto supone un adiestramiento muscular con el consiguiente fortalecimiento físico.

La actividad de olfatear y el ejercicio estimulan tanto la circulación sanguínea como el metabolismo del animal. La intensidad con la que el perro actúa la podrá usted reconocer en que segrega más flujo de saliva por el hocico y se le pueden ver los belfos.

Imbatibles como equipo

Los perros especializados ponen su olfato, día a día, a disposición del ser humano. Tienen éxito al olfatear en busca de drogas o de cualquier acelerador de incendios, son magníficos comos perros de rescate en aludes o en el interior de edificios derrumbados por efecto de un terremoto o como perros de búsqueda entre escombros y, además, los perros pastores y los de caza son unos auxiliares imprescindibles en su búsqueda de ovejas y animales heridos o extraviados. Los perros al servicio de la policía siguen rastros humanos y, por ejemplo, son capaces de localizar personas afectadas de trastornos mentales que no saben regresar por sí solas a su domicilio. Incluso se utilizan en medicina preventiva, ya que pueden olfatear un cáncer precoz de vejiga, el comienzo de una diabetes o un inminente ataque de epilepsia. También se pueden dedicar en una vivienda a la localización de mohos perjudiciales para la salud.

Diversión para el tiempo libre del perro y el ser humano

¡Seguro que no es capaz de creerse la idea de que ambos pueden formar un verdadero equipo de servicio canino! Quisiera aportarle alguna iniciación en cuanto al trabajo de olfatear para que, de esa forma, usted y su perro puedan disfrutar de tal actividad. Un animal logra una motivación, es feliz y está satisfecho si se encuentra en plena ocupación mental y física; tenga en cuenta que en el ejercicio de olfatear se sirve tanto la nariz como todo el organismo. Lo que indico a continuación debe constituir el foco de los momentos de ocio de ambos, el perro y el amo:

> ¡Olfatear es algo que ha de resultar divertido tanto para el perro como para el dueño! Su mascota aprende a practicar la búsqueda de rastros que usted ha colocado antes, de esa forma él tiene mayor actitud de concentración y se puede mostrar más atento. Con ello se fortalece la confianza y el nexo de unión entre usted y el animal, lo que les hará disfrutar al máximo del tiempo que pasan juntos.

> Usted aprenderá mucho de su compañero de equipo. Entre otras cosas a mirar con más atención y, to-

Para conseguir éxito en su tarea de olfatear no es preciso que el perro pertenezca a una raza de tipo determinado. Los perros pastores también se divierten mucho con ese juego.

mado en su sentido más literal, a tener en cuenta lo que su mascota le anuncia, es decir, lo que le quiere comunicar. Aprenderá su lenguaje y usted descubrirá que puede fiarse de su olfato. ¡Quedará muy sorprendido al comprobar lo que es capaz de realizar el perro!

› Existe un objetivo que sólo se podrá alcanzar si trabajan en equipo. Con este trabajo conjunto el perro consigue una gran motivación, se puede concentrar al máximo en su trabajo y deja de lado el interesarse por la práctica de comportamientos inadecuados, como moverse con mucho alboroto y de forma incontrolada entre los árboles. ¡Y lo más bonito de todo es que al final de cada juego de olfatear existe un premio!

¿Cómo trabaja el perro?

El sentido del olfato es utilizado por los perros de dos maneras distintas que trataré de describir en forma resumida. Usted deberá descubrir cuál es la que más le satisface a su perro y la que mejor se le adapta. Nunca se debe dejar de lado que la diversión siempre ha de mantenerse en primer plano.

Tracking (Rastreo): El perro sigue tan solo las marcas o huellas dejadas en el terreno por alguien que ha *dañado el suelo* a base de pisotearlo o bien, por ejemplo, ha deteriorado la hierba al pasar por encima de ella con una carretilla. El perro no va detrás de una determinada sustancia olorosa, sino de la mezcla de bacterias, plantas y muchos organismos del suelo que están en ese rastro.

Mantrailing (Seguimiento de personas): En este proceso el perro aprende a practicar la búsqueda de personas a base de seguir las partículas individuales del olor que emiten. Puede haber muchos rastros de personas, pero el animal es capaz de aislar uno de ellos y seguirlo. La palabra *mantrailing* procede del inglés y está compuesta de *man* (persona) y *trail* (huella, pista, rastro). En este proceso el animal no solo se guía por el olor del suelo, pues también han quedado impregnados de él todos los rincones, huecos y muros del recorrido.

El olfateo significa en el perro una plena ocupación mental y física. Después de estos trabajos el animal se siente cansado y equilibrado.

Desafío para los perros **de caza**

¿Tiene usted un perro de caza y teme que en lugar de seguir cualquier tipo de búsqueda de rastros se deje llevar por su pasión y pretenda hacer caza furtiva? La experiencia sobre el trabajo con la nariz de los perros muestra que estos juegos de olfatear son una actividad magnífica para esos animales.

EN SU ÁMBITO DE INFLUENCIA: Si va sujeto con una correa, el perro no se escapará; usted podrá influir con la voz en su forma de actuar, será capaz de evaluar su obediencia básica en cualquier momento y comprobar dónde se necesita algo más de práctica.

UNA UTILIZACIÓN A PLENO RENDIMIENTO: El perro puede rendir de una forma controlada gracias a su olfato y es capaz de realizar cualquier trabajo con la nariz; si está pegado a su amo mientras realiza una tarea, se mostrará encantado de hacer caso omiso de un conejo que pase cerca.

El olfato es el todo

Los perros perciben la mayor parte de su entorno por medio de la nariz. No resulta sorprendente, pues, que sean capaces de oler mucho más que nosotros, incluso varios millones de veces más. Esto se basa sobre todo en el número de células olfatorias: en la nariz humana hay 10 millones de estas células mientras que en el perro existen unos 220 millones.

Esto es lo que hace el que tiene buen olfato

Una vez que las moléculas olorosas han llegado a la nariz, se fijan a los receptores de las mucosas. La información se transmite al cerebro en forma de impulsos eléctricos que siguen la vía de los nervios olfatorios; allí se procesan en una *central de olores*. En esta central se almacenan todas las experiencias olfativas anteriores y allí los olores recién llegados se comparan e identifican de acuerdo con el resto de las informaciones disponibles. Por tanto, para los perros la acción de oler es algo relacionado con una experiencia que, además, ha de ir asociada a un determinado proceso de aprendizaje.

Que el animal pueda percibir un olor y la intensidad con que lo capte depende de varios factores:

Longitud del hocico. Por regla general, los animales de morro corto huelen algo peor que los de hocico algo más largo. Eso no impide que un Boxer, perro de nariz chata, supere varias veces la capacidad del órgano del olfato del ser humano.

Técnica. Para poder captar la mayor cantidad posible de moléculas de olor, un perro inspira de 300 a 500 veces por minuto cuando está dedicado a olfatear. Este olfateo entrecortado es un método del que se sirve el animal para evitar acostumbrarse a un olor. Seguro que usted mismo conoce este efecto: si entra en una casa ajena nota a la perfección el particular olor individual existente en ella. Si está en esa casa durante cierto tiempo, al final se habitúa al olor y ya no lo percibe. El perro intenta eludir esa habituación a base de emplear esa técnica olfatoria.

Motivación. Un olor es importante para el perro en función de lo necesario (es decir, vital) que sea para él. Lo puede comprobar muy bien: seguro que su perro se acercará mucho más deprisa si usted lleva carne en la mano que si sujeta una lechuga. Si el perro tiene hambre y busca algo que comer, le llamarán mucho más la atención los olores a comida.

Experiencia. ¿Ha tenido el perro, hasta ahora, experiencias positivas o negativas con un determinado olor? Si su perro huele el embutido, ese olor es positivo para él, pues sus experiencias pasadas le han hecho aprender que tiene un buen sabor. Si, por el contrario, el animal huele una llave, su olor es neutro debido a que, hasta el momento, carece de significado.

Si después de todo llega una golosina, el trabajo resulta doblemente divertido para el perro.

Oler en estéreo

Otra de las particularidades de la nariz de un perro es su capacidad de oler en estereofonía. Al inspirar, el cerebro procesa de forma independiente todas las partículas olorosas que han penetrado por las fosas nasales; en consecuencia, el animal puede respirar de modo sincronizado y evaluar por separado cada una de las moléculas de olor captadas. De esa forma nuestro amigo de cuatro patas puede reconocer el curso de un rastro y distinguir entre uno nuevo y los ya existentes.

Se puede comprobar que la capacidad sensorial olfativa del perro está muy marcada: el 10% del cerebro canino está orientado al olfato mientras que el hombre sólo dispone del 1% cerebral para tales menesteres. Se puede hacer mejor idea si se comparan las magnitudes de la *central de olores*: en el perro correspondería a una hoja de papel de tamaño DIN-A5 y en el hombre hablaríamos de un sello de correos de tamaño pequeño.

Olfatear: no solo con la nariz

Los perros disponen de otro elemento para analizar los olores, el denominado órgano de Jacobson, que comienza como un pequeño canal por detrás de los incisivos, en el paladar y discurre después por el piso de las fosas nasales. En él se encuentran unos centros olfativos que no están conectados con el cerebro, sino directamente con el sistema límbico. Este denominado arquiencéfalo (o precerebro) es el responsable de la admisión de estímulos olfativos procedentes de los alimentos o las sustancias de atracción sexual. Los comportamientos instintivos y la formación de hormonas también se encuentran radicados en el sistema límbico. Esto se traduce en el perro en que la identificación de un determinado olor provoca unas formas específicas de comportamiento. La expresión «Me huelo lo peor» se refiere a nuestra intuición de que algo va mal. Hablamos del olfato, pero nos referimos a nuestra visión profunda de las circunstancias y eso nos hace decidir que algo nos gusta o nos disgusta.

1 Si el olfato ya no sirve de ayuda, el perro puede dejarse guiar por su extraordinaria capacidad auditiva, que supera, con mucho, la frecuencia humana.

2 Cuanto más largo sea el hocico, mejor será la posibilidad de oler, pues en las mucosas de la parte interior de la nariz existe una mayor cantidad de células olfatorias.

3 Los perros perciben los movimientos mucho antes y mejor que las personas. Pero tenga en cuenta que el animal, cuando usted se esconde, antes de verle reconocerá primero su olor.

Como el órgano de Jacobson se atrofia en los seres humanos después del período embrionario, experimentamos esta capacidad de una forma no consciente; a pesar de todo, y por hablar con sinceridad, yo me siento muy satisfecho de no poder oler todo lo que olfatean mis perros.

El mundo canino de los olores

El perro es capaz de conseguir un magnífico rendimiento con su olfato (ver páginas 8 y 9). Pero, ¿para qué precisa esta notable capacidad olfativa?

› La buena nariz canina es una herencia de su antepasado, el lobo. Ambos, con ayuda del olfato, son capaces de *salir adelante en la vida cotidiana*. La nariz es imprescindible para la supervivencia, para la búsqueda de alimento, para olfatear a sus posibles presas y para encontrar agua. También provoca en el cerebro la cadena de acciones que resultan imprescindibles para la actividad de un perro de caza.

› El olfato también es vital en el instinto de reproducción, pues el perro reconoce por el olor a su pareja sexual. Pensemos en el comportamiento de un macho en cuyo ámbito aparece una hembra. A pesar de no poderla ver, es capaz de olerla y simpatizar con ella aunque esté en el pueblo vecino.

› El olfato sirve en general para reconocer perros, personas y cualquier otra clase de seres vivos. Cada individuo dispone de un olor particular único y de esa forma el perro es capaz de identificar a un ser humano o a otro congénere. Este olor está formado por distintos componentes que pueden ser, por ejemplo, hormonas sexuales o de otro tipo, sudor, células cutáneas, fibras de ropa, productos de limpieza corporal y bacterias. A partir de toda esa información el perro puede identificar la edad, el sexo, el estado de ánimo, el rango social y las condiciones de vida de quien tiene enfrente.

El olor individual no tiene nada que ver con el olor corporal diario, que puede estar modificado a causa de prácticas higiénicas como, por ejemplo, la de haber tomado un baño.

¿Cómo surge el rastro olfativo?

Cada ser vivo está compuesto por billones de células que nunca dejan de renovarse. Un ser humano, por ejemplo, pierde en un minuto 40.000 células cutáneas muertas que le rodean en forma de nube esférica. Si ese individuo se desplaza, la nube le sigue como si fuera su sombra.

Con los ojos cerrados y la nariz en alto, este perro olfatea el mundo que le rodea.

En cualquier sitio siempre existen unos magníficos lugares en los que esconder objetos para jugar a la búsqueda en casa. ¡Es muy interesante para los días de lluvia!

Dé paso a su creatividad y varíe los escondites según la capacidad y el aguante del perro. ¡Eso estimula mucho al animal!

Al cabo de muy poco tiempo, las células corporales desprendidas son colonizadas en el suelo por bacterias a las que sirven de alimento. El hecho de que las bacterias propias de cada organismo descompongan las células cutáneas muertas sirve para la generación de un gas que es propio y único en cada ser vivo.

¿Cómo actúa el olor?

Las investigaciones han dado como resultado que existen dos tipos de células epiteliales. Unas de ellas son ligeras y propensas a moverse en el aire. Tan pronto como abandonan el cuerpo, se elevan unos 40 cm debido a la corriente de aire caliente que nos circunda y después caen al suelo. Estas células cutáneas no son de larga vida y no tardan en dejar de emitir olor. De hecho, son las que motivan que los perros experimentados suelan buscar sus rastros a base de alzar el hocico hacia las partículas frescas en lugar de pegarlo al suelo. Otras partículas cutáneas son más pesadas, se aglomeran entre sí y caen al suelo de inmediato. Estas partículas son captadas por el perro si apunta la nariz hacia abajo y busca el rastro olfativo por el terreno. Debido a su aspecto, estas partículas suelen ser conocidas como *cornflakes* o copos de maíz. Estas segundas células epiteliales son de mayor tamaño y proporcionan más cantidad de alimento a las bacterias, lo que les permite a su vez producir olor durante más tiempo. La rapidez de trabajo de las bacterias depende de condiciones ambientales, sobre todo temperatura y humedad: las bacterias trabajan con mayor intensidad en un ámbito entre los 5 y los 37 °C. Si, por el contrario, el frío o el calor son excesivos, se interrumpe el metabolismo bacteriano y ya no tiene lugar ninguna forma de producción de olor que el perro sea capaz de seguir con su olfato.

En resumen: un determinado olor no se mantiene a lo largo del tiempo, sino que evoluciona en función de las circunstancias atmosféricas. Para reconocer si un perro está sobre un rastro, resulta muy importante conocer la interacción entre las condiciones del entorno y el tiempo meteorológico.

Condiciones exteriores

Quien es dueño de un perro lo sabe muy bien: el animal debe salir a la calle sin importar el tiempo que haga, tanto si brilla el sol como si caen chuzos de punta. Para realizar el ejercicio físico diario carecen de importancia las condiciones exteriores. Lo que sí ocurre es que la luminosidad, la temperatura, la presión atmosférica, el viento o el estado del terreno tienen gran influencia sobre la capacidad olfativa de nuestro amigo de cuatro patas. Por decirlo de alguna forma, hay días buenos y días malos para el trabajo con la nariz.

Y ahora hablemos del tiempo meteorológico...

› Si el ambiente es cálido y seco, las corrientes de aire hacen ascender más las partículas olfativas. Esto

El mal tiempo no existe para los perros. Y para sus dueños, si visten la ropa apropiada, la lluvia tampoco supondrá ningún problema.

significa que el perro buscará con el hocico muy alto las huellas frescas que circulan por el aire. En caso de temperaturas del orden de 37 °C las bacterias trabajan de forma muy efectiva y producen la mayoría de los gases que generan el olor, también hay que tener en cuenta que ese *alimento* se descompone con relativa rapidez. Si varía la temperatura se modifica la ratio del metabolismo bacteriano y el olor es menos intenso. El calor y la sequedad también pueden suponer un esfuerzo físico para el perro: la mucosa olfativa se seca muy deprisa y, además, nosotros, los seres humanos, exhalamos más olor si hace mucho calor. En pleno verano la fiebre del heno o alergia al polen es una circunstancia agravante: el perro inspira el flujo de polen y se le queda almacenado en la nariz.
› En los días de frío las partículas de olor suelen caer enseguida al suelo. En tales condiciones el perro debe mantener su morro hacia abajo, ya que el rastro está mucho más marcado en el terreno.
› La humedad, la lluvia y el rocío generan unas óptimas condiciones previas para olfatear. Las partículas cutáneas se conservan bastante con la humedad y ofrecen a las bacterias mejores *condiciones laborales*. Se incrementa la actividad bacteriana y se puede leer el rastro a la perfección. En las horas matutinas y al atardecer el perro tendrá mucho más éxito en su búsqueda que bajo el calor veraniego del mediodía.
› En el caso de fuerte lluvia desaparecen las partículas olorosas y los rastros son muy superficiales, esa desafortunada circunstancia supone la consiguiente dificultad para el perro.
› La nieve seca que cae sobre un rastro hace un efecto conservante. El viento no se lleva las partículas de olor, que se mantienen retenidas en las cámaras de aire generadas entre la nieve.
› En caso de haber viento en contra, usted podrá observar que su perro mantiene el hocico levantado de-

bido a que el rastro de olor se expande en esa dirección. Si hace demasiado aire, o se mueve a ráfagas, las partículas de olor se arremolinan. En este caso, si nos encontramos al principio del adiestramiento lo mejor que se puede hacer es posponer el trabajo a otro momento. De lo contrario el perro se sumirá en la confusión puesto que todas las huellas le resultarán ilegibles. Si en los trabajos de búsqueda el perro reacciona de forma irritada, usted deberá comprobar la dirección del viento para comprobar si el animal está situado en la forma más adecuada para la localización de rastros. La mejor forma de hacerlo es levantar al aire un dedo humedecido o bien lanzar una brizna de hierba hacia arriba y observar en qué dirección se mueve.

> Un viento de costado tiene como efecto que el perro no buscará el rastro dejado, sino cualquier otro que esté situado cerca.

Cada terreno es distinto a los demás

Las condiciones del terreno de búsqueda del perro también influyen en la calidad del rastro: las partículas olfativas se asientan a la perfección en un terreno de hierba o en suelos irregulares y el olor se intensifica mucho más que sobre superficies lisas como pudiera ser el asfalto, en el que las partículas se distribuyen a lo largo y ancho de su superficie hasta que se acaban por detener si tropiezan con un obstáculo. Piense usted que el asfalto y el alquitrán expuestos a una elevada temperatura desarrollan un intenso olor propio que supera con mucho el de todos los posibles rastros.

Las pistas viejas ofrecen a los perros un olor distinto al de las recientes, eso es debido a que el paso del tiempo disminuye el olor y las partículas aromáticas se volatilizan y caen al suelo.

Aprender unos de otros

Usted ha podido comprobar que existen muchos factores que juegan un papel importante en el éxito de una búsqueda, y eso a pesar de que, por ahora, sólo

La dirección del viento influye sobre el comportamiento de búsqueda de su mascota. En los perros de pelo largo se puede observar muy bien de dónde sopla el viento.

he arañado en la superficie del tema. Sin embargo, mi deseo sería motivarle para que no se limite sólo a observar y elogiar los rastreos en que su perro haya alcanzado un éxito. Por el contrario, también debe tratar de entender los caminos que ha seguido y aprender el lenguaje corporal del animal. Un guía experimentado podrá así interpretar si su perro es o no un animal inseguro. Este proceso se denomina *leer* en el ámbito del comportamiento canino.

Se puede aprender mucho acerca de su perro si se le anima a que busque bajo condiciones exteriores análogas pero en distintas clases de terreno. Resultaría de gran ayuda que pudiera filmar el trabajo y analizar más tarde el contenido de la grabación.

La unión hace la fuerza

Los perros son unas criaturas sensibles que solo entienden la convivencia social. Se puede instaurar sin ningún problema un aprendizaje adaptado a la especie con el que se genera un fuerte nexo de unión con *su* ser humano, al que hace entrega de su más absoluta confianza. Si usted pretende que su perro consiga un resultado eficaz en el juego de olfatear, deberá mantener un estado de ánimo positivo a la hora de practicar y contribuir con unas adecuadas condiciones exteriores para los ejercicios.

La orden «¡Siéntate!» no solo es útil en las sesiones de olfateo. ¡Su perro debe conocer esta señal y ejecutarla de forma adecuada!

› Su perro tiene un gran talento para percibir su estado de ánimo. Infórmele de que es usted consciente de su propia valía y de que, al mantener siempre el control del adiestramiento, va a ser el que dicte las reglas del juego. Transmítale que los juegos de olfatear son muy divertidos. Transfiera su buen humor al perro y de esa forma elevará la cuota de éxitos de sus ejercicios.

› ¿Ha tenido un día de mucho trabajo, se siente sometido a los efectos del estrés y le falta motivación para adiestrar al perro? En tal caso lo mejor es que lo deje para otro día, pues podría ocurrir que contagiara al perro su negativo estado de ánimo. En tales circunstancias a usted le va a faltar la paciencia necesaria para el adiestramiento y es seguro que no tardará en sentirse molesto ante cualquier error del animal, lo que a su vez provocará la inseguridad del perro.

› Tenga precaución para que su buena motivación no le anime a ejercer un exceso de exigencia de rendimiento sobre el perro. En ocasiones tendemos a comparar a nuestra mascota con otros congéneres y está claro que nos gustaría que se transformase en el mejor rastreador. Recuerde siempre el motivo por el que ha comenzado estos juegos: quiere que su mascota llegue a aprender un ejercicio adaptado a su especie y que, además, le resulte divertido.

› Establezca unas reglas de adiestramiento válidas tanto para usted como para el perro: cada día solo hay que trabajar en sesiones cortas que no deben sobrepasar una duración de 10 minutos. Según la capacidad receptiva y la motivación del perro, nunca se podrán hacer más de dos, si acaso tres, sesiones diarias. Concluya cada una de ellas con una vivencia positiva. El perro siempre debe recibir premios o recompensas en forma de juegos, golosinas o algo similar. Interrumpa la práctica cuando esté en su mejor momento y funcione a la perfección. Así favorecerá el nexo de unión entre usted y el perro, sin tardar en constituir un magnífico equipo.

Lo que su perro debe ser capaz de hacer

Tal y como ya se ha comentado, con el adiestramiento en el olfateo el perro no va a aprender nada nuevo porque es algo que ya conoce a la perfección. Pero los juegos resultarán muy agradables para el ser humano y el canino, siempre que este último disponga de una cierta obediencia básica y no le resulten poco habituales algunas palabras de señal u órdenes como, por ejemplo, «¡Siéntate!» o «¡A mis pies!».

Una nueva señal: «¡Huele!»

Para los perros olfateadores se introduce una nueva orden de oler. Yo me limito a decir «¡Huele!». Es una palabra amable y no se usa demasiado, por lo que el perro no se sentirá muy exigido si la oye por casualidad en otro contexto. La implantación exacta de la palabra se indica después en una práctica (ver página 26).

Lo que debe transmitir indicar un «Nee-nee»

Durante los ejercicios de olfatear el perro debe sentir la mejor motivación posible. Es algo que se puede conseguir sin una interrupción de la tarea. Nunca se debe trabajar con la rotunda orden «¡No!» por el hecho de que el animal haga algo equivocado, como puede ser el seguir un rastro falso. Justo al principio, cuando el perro aún no ha entendido demasiado cuál es su misión, cualquier interrupción del ejercicio le desmotivará y le hará sentirse inseguro. En el peor de los casos puede ocurrir que huya de cualquier forma de oler.

¿Cuál es la actitud a tomar si el perro, que está en busca de una caja de quesitos, decide hacer *caza furtiva* y poner rumbo a un rastro de conejo? Usted le tiene sujeto por la correa y, en consecuencia, mantiene su control. Una interrupción de la tarea en forma de un rotundo «¡No!» también serviría para que el animal deje de hacer lo que debe: olfatear. El perro podría asociar la palabra «¡No!» con el proceso de oler y eso favorecería el establecimiento de un nexo de unión equivocado entre la asociación a un fallo y la acción correspondiente. Para comunicar al

Las recompensas en forma de sesiones de caricias y bromas no deben ser demasiado breves. En las cortas pausas del trabajo, deberá mostrar al perro lo mucho que le quiere.

perro que está sobre una pista falsa, lo mejor es introducir un «Nee-nee»; suena gracioso y no resulta severo al pronunciarse. A pesar de ser una indicación de que hace algo erróneo, en lo básico también indica al animal que va por el buen camino. Con un «Nee» se le da una advertencia sin quitarle la motivación. Utilice el «Nee-nee» en el mismo instante en el que el perro haya perdido la pista correcta y no la encuentre otra vez. Manténgase quieto para no manipular nada el rastro. Use la voz para recordar al perro la tarea que tiene que realizar y dele la oportunidad de regresar a ella por sí solo. Si pierde el rastro, deberá guiarle hasta que lo encuentre y permitirle una vez más que huela el patrón de olor.

Elementos auxiliares útiles

Medios de sujeción

El perro siempre debe contar con arnés y correa en su *sesión de oler*. A partir de ese momento el animal es el que decide sobre el *tempo*; la correa siempre ha de estar tensa. Tenga muy en cuenta la buena colocación del arnés de trabajo para evitar que aparezcan zonas de exceso de presión. Usted también puede ahorrarse algunas rozaduras en las manos si se decide a usar guantes.

Pinzas de la ropa

Con su ayuda se puede hacer que un ayudante marque el camino si usted no está seguro de por dónde debe guiar a su perro. Determine de antemano los colores en función de cada una de las orientaciones.

Agua

Una botella llena de agua y un bebedero poco pesado son dos cosas que siempre deben formar parte del equipamiento en una excursión destinada a olfatear. El cuerpo y la mente del animal trabajan a toda marcha y eso le plantea una intensa necesidad de líquido.

Seguridad

Una vez que ya se ha conseguido una cierta rutina en la tarea del olfatear, los recorridos serán cada vez más largos y aventurados. Si caminan en la oscuridad, procure que los demás puedan verles bien a ambos, amo y perro. Siempre es importante llevar un chaleco de seguridad con elementos reflectantes si salen de búsqueda durante la noche. Tales chalecos también están disponibles, en colores claros, para perros; además existen y son muy útiles los collares con luz y los arneses reflectantes.

Recompensas

¡Los elogios son muy necesarios! Las formas en que se expresen pueden ser muy variadas. Muchos perros se vuelven locos por las golosinas, incluso cortadas en trozos pequeños resultan de una gran efectividad. Su olor ya puede ser suficiente para elevar la motivación del perro. ¿Su mascota no es muy amiga de las golosinas? Entonces lo mejor será que el premio sea un pequeño jueguecito.

Latas de búsqueda y *bringsel*

El perro debe olfatear en una lata el patrón de olor de la muestra, pero eso en sí mismo no puede servir como recompensa. Tan solo se le entregará la golosina después de haber emitido un aviso correcto, por ejemplo con el *bringsel*, de que ha traído algo. ¡El premio siempre debe ir acompañado de una palabra de elogio!

17

¿Su perro es un auténtico rastreador?

¡Cualquier perro es capaz de olfatear! Los juegos de oler no dependen de la raza, el tamaño corporal o la edad del animal. Cualquier perro, incluso los cachorros, puede aprender a emplear de forma consciente su olfato lo mismo que hacen los que ya son veteranos. Solo se debe recordar que olfatear es un trabajo mental muy exigente para el perro, por lo que únicamente se puede concentrar en él durante un breve espacio de tiempo. Comience con cachorros o perros de edad con una duración del adiestramiento de unos 5 minutos por ejercicio. Además no deben realizar más de dos sesiones al día.

Señálame...

En el trabajo de olfatear siempre hay que estar en comunicación con el perro, sobre todo para que él pueda informar de que ya ha finalizado con éxito la búsqueda del objeto. Esto se puede realizar de diversas maneras:

> Da igual que sea grande o pequeño, gordo o delgado: todos los perros tienen nariz y con ella cumplen con los requisitos previos imprescindibles para olfatear. Por medio de un adiestramiento orientado usted podrá fomentar estas dotes naturales en cualquier tipo de perro.

1 TRAER: Este perro nos da su aviso a base de traer en la boca el *bringsel* como señal de que ha localizado un objeto en su búsqueda. Ahora se lo lleva a su dueño.

2 AVISO PASIVO: El perro puede mostrar el objeto buscado si recibe la señal «¡Túmbate!», «¡En pie!» o «¡Siéntate!». Permanecerá parado hasta ser recompensado.

3 LADRAR: Esta forma de aviso activo a base de ladridos es muy útil en campo abierto, ya que usted podrá oír y localizar a su amigo de cuatro patas aunque se encuentre bastante lejos.

Aviso natural. Existen actitudes de aviso del perro que se derivan del comportamiento de caza de los lobos: los perros de caza están al acecho de una presa, se detienen una vez que la han avistado y levantan una pata (esto se denomina *hacer la muestra*). El perro nos indica algo sin manifestaciones auditivas, lo que resulta muy importante, ya que no se avisa a la pieza que, por tanto, no huye. Tales señales son perceptibles para el dueño del animal, pero es necesario mantener un constante contacto visual con él. El perro no tiene ninguna dificultad en exhibir estas señales, sin importar que esté muy excitado o que en el entorno haya un gran potencial de distracciones, pues se trata de un comportamiento innato. Siempre se encargará de mostrar el objeto de una forma automática.

Aviso pasivo. Si el perro no hace la muestra, usted también dispone de la posibilidad de comunicarse a base de señales como «¡Siéntate!», «¡Túmbate!» o «¡En pie!». Practique el adiestramiento para el aviso en su casa o en un entorno tranquilo. Procúrese una lata llena de golosinas y ciérrela de modo que el animal sea capaz de oler su contenido pero no pueda acceder a él. Coloque la lata delante de usted en el suelo y el animal, atraído por el olor, se acercará a ella hasta

llegar a tocarla con el hocico, en cuyo momento usted debe decir «Siéntate». Si le obedece, acérquese a él, haga un elogio de su conducta y abra la lata para entregarle un par de golosinas. Repita este ejercicio hasta 10 veces en los primeros días, luego haga una pausa e inténtelo un poco más tarde. De esa forma el animal se habituará al esquema planteado: él se sienta tan pronto como llega cerca de la lata de premios. El proceso se automatiza. Una vez que se ha conseguido esta meta, ya se puede dejar en segundo plano la señal «¡Siéntate!» que ha utilizado, basta con decirla cada vez en un tono más bajo hasta que, en un cierto momento, se omite por completo.

Aumente los recorridos en los que el perro deba buscar la lata, aunque el aviso siempre debe suceder justo delante de ella. Si el perro ya ha entendido la señal, usted no deberá sacar más golosinas de la lata sino del bolsillo de su pantalón y obsequiar al animal con ella y un elogio. En algún momento también deberá proponerle la búsqueda de objetos que no puede comerse a modo de premios; se puede utilizar, por ejemplo, el teléfono móvil.

Una vez que el perro ha conseguido aprender, a base de repeticiones y con mucha práctica dentro de casa, lo que significa la orden «¡Siéntate!», no pasará mucho tiempo hasta que pueda salir a practicar en la calle sin ningún tipo de problema.

Si el perro está en el exterior se sentirá sometido a muchas distracciones pero disfrutará de la ventaja de percibir el contexto en que se encuentra. Si hasta el momento solo ha recibido las señales mientras estaba sobre una alfombra, una vez en el campo la echará de menos y en un primer momento no atenderá a la recepción de los avisos. Lo primero que debe aprender el perro es a generalizar las señales, por lo que es adecuado practicar en lugares que sean muy distintos.

Aviso activo. Como alternativa a los avisos pasivos, también existen distintos avisos activos. Pueden suceder en forma de manifestaciones perceptibles como las de gruñir, ladrar o escarbar en la tierra. La ventaja

de los avisos auditivos consiste en que usted, durante una búsqueda al aire libre e incluso sin correa, podrá escuchar al perro a distancias bastante grandes y saber por dónde anda. Ladrar como comportamiento de aviso tiene la desventaja de que es complicado mantener al animal bajo control, pues hay que adiestrarle para que lance los ladridos de forma intencionada y consecuente. La mayoría de los propietarios de perros se sienten muy satisfechos de que sus mascotas no ladren, pues eso evita molestias al vecindario. Usted debe hacer entender al perro cuándo son oportunos los ladridos, en cuyo caso recibirá una golosina, y cuándo, por ese mismo motivo, usted reaccionará con un enérgico «¡No!». No dude de que al perro le cueste bastante entender esta complicada lógica (que para él constituye una falta de lógica).

Además existen otras complicaciones asociadas al ladrido como forma de aviso: el animal deberá ladrar tanto tiempo como sea necesario hasta que usted le encuentre. Esto, dependiendo del propietario, de su capacidad de orientación y de la distancia a que se encuentre del perro, puede durar bastante tiempo.

Bringsel. Si a su perro le gusta traer y llevar cosas, usted podrá utilizar este comportamiento innato para que le entregue su botín. Si él no debe traerle directamente el objeto buscado, habrá que sujetar en su arnés de búsqueda un pequeño objeto (en el lenguaje profesional se denomina *bringsel*). El animal lo sujetará por sí mismo después de haber encontrado el objeto y volverá a usted para darle el aviso con el *bringsel* en la boca, como si fuera un juguete de traer. De este modo el perro le indicará que ha localizado lo que buscaba. El trayecto de regreso hasta el objeto encontrado es algo que deberán hacer los dos juntos, usted

El Dackel (perro salchicha) sigue con gran concentración los olores que usted ha dejado a modo de rastro. ¡En este momento su cerebro trabaja a pleno rendimiento!

y el perro. Adiestre al perro para que le entregue el *bringsel* una vez que ya le haya llevado hasta la presa que buscaba, en ese momento usted deberá dejarlo caer al suelo justo delante del objeto para mostrarle que ha desarrollado el ejercicio a la perfección. El perro debe interiorizar esta asociación.

Este tipo de aviso con el *bringsel* es muy adecuado en las búsquedas al aire libre, ya que el animal, después de regresar a usted, tiene la misión de concentrarse en conducirle hasta el objeto y no distraerse con otras cosas (ver páginas 22 y 23).

¿Qué tipo de aviso es el más efectivo?

Básicamente su perro puede mostrar cualquiera de los tipos descritos y, según sea el hallazgo, utilizarlos de distinta forma. Lo mejor sería tener en cuenta lo que resulte más sencillo para el animal: si le gusta ladrar, esa puede ser una de las condiciones previas de aviso para su adiestramiento en el trabajo con la nariz, y usted debe animarle a hacerlo.

› Por otra parte, algunas razas de perro como los retriever, a los que pertenecen también el Golden retriever y el Labrador, son perros que llevan en sus genes la costumbre de cobrar cosas . Traen su botín en el hocico pero sin apretar las mandíbulas, por lo que nunca destrozan su presa. Para solicitar a su ser humano que juegue con ellos, les llevan juguetes de traer y pelotas una y otra vez y les invitan a que se las lancen. Estos perros estarán muy satisfechos de mostrar sus hallazgos con un *bringsel*.

› Si acaricia usted la idea de que su perro forme parte de un equipo canino de salvamento para trabajar desinteresadamente en la búsqueda de personas desaparecidas, deberá evitar a toda costa que el animal proclame el éxito de su búsqueda a base de ladridos: los motivos son evidentes al imaginarse a una persona perdida, un herido o un niño que, de repente, se ven ante un perro sin dueño que les ladra de forma constante. Lo más seguro es que no piensen que acaba de llegarles la salvación. Esa forma de aviso supone un gran agobio para las personas localizadas.

Apoyo para la memoria

CONSEJOS DE LA
EXPERTA EN PERROS
Kristina Falke

EL DIARIO DEL RASTREO: Para conseguir una formación útil y lograr el éxito con el seguimiento de rastros con el olfato, hay que tener muy en cuenta un repaso y análisis del comportamiento en el aprendizaje y del trabajo del animal. También se debe pensar en llevar un diario en el que se apunten los éxitos y los fracasos. Cuanto más detalladas sean las anotaciones de este diario de adiestramiento, mejor se podrán conocer las causas por las que algo no funciona tal y como usted había planeado. Además, al cabo de los años resulta muy interesante volver a hojearlo...

DATOS EXACTOS: Cada registro debe ir acompañado de la fecha y la hora, anote la tarea que usted ha previsto para el perro en ese día.

COMPORTAMIENTO: Describa el lenguaje corporal de su perro. ¿Está excitado, tiene falta de interés o se encuentra sometido a mucho estrés? ¿Se concentra en su tarea o no para de distraerse?

CONDICIONES EXTERIORES: En sus anotaciones también deben constar las condiciones del entorno imperantes durante el ejercicio. ¿Cuál es el tiempo meteorológico en que el animal se siente de buen ánimo y en qué otros se muestra malhumorado?

El adiestramiento con el *clicker* es algo sencillo

¿Cómo se lo digo al perro? Esta es la pregunta que se plantea una y otra vez durante el adiestramiento. Yo le sugiero que se sirva de un *clicker* para informar a su perro, de forma muy sencilla, de que está manteniendo un comportamiento correcto en lo que se refiere a cualquier aviso.

Mediante un rápido *feedback*, con la ayuda del sonido del *clicker* usted determinará con seguridad una forma intencionada de orientar hasta el más mínimo avance en el aprendizaje y le hará comprender con mucha claridad que va a obtener una recompensa.

Así funciona el *clicker*

Un *clicker* funciona como aquellas populares ranitas de chapa que algunos recordarán de su infancia. Si se presiona la lengüeta de metal se produce un ruido de tipo «clic-clac». Este sonido lo asocia el perro a una recompensa que obtiene de un modo inmediato: el animal ya está sometido al condicionamiento. En el futuro su mascota considerará que ese «clic» es una

cosa muy interesante, pues lleva aparejada la promesa de una golosina.

Para que el perro se acostumbre al *clicker* se debe actuar de la forma que se describe a continuación: usted hace «clic» y el perro recibe de inmediato una golosina. Tal proceso se debe repetir varias veces hasta que, por sí solo, el sonido ya se convierta en una recompensa para el animal. Durante esta fase del adiestramiento usted no debe encomendar ninguna tarea a su mascota: es el propio perro, de propia intención, el que debe animarse a realizarla. Su aspiración será que el *clicker* vuelva a sonar y que él reciba la golosina correspondiente, aunque eso solo debe ocurrir si nuestra mascota muestra el comportamiento esperado. El perro intentará desplegar todo el repertorio que conoce y cada actuación que vaya en la dirección correcta deberá ser recompensada con un «clic».

Adiestramiento para el *bringsel* asociado al *clicker*

Paso 1. Utilice esta motivación del perro para adiestrarlo en el uso del *bringsel*. Estructure el ejercicio a base de una serie de pasos independientes. Para ello coloque sobre el suelo una lata de búsqueda que el perro ya conozca. El *bringsel* debe estar situado a unos 20 cm de ella. Ahora el animal aprenderá de acuerdo con el sistema de «prueba y error». Al principio realice el «clic» una vez que haya tocado la lata con el hocico; en ese momento recibirá una golosina y ya habrá reconocido cuál es el objeto que debe buscar.

Lo primero es ayudarse con unas golosinas para que el animal resulte condicionado al sonido del *clicker*.

El *bringsel* puede adoptar la forma de una pelota poco pesada que cuelga del arnés. El perro sabe lo que se espera de su comportamiento y se muestra muy ilusionado por comenzar.

Con la pelota en el hocico, este perro muestra a su dueña lo que ha encontrado. Esta forma de avisar es una mezcla de trabajo y juego.

Paso 2. Ahora el perro debe tocar la lata y luego hacer lo mismo con el *bringsel* o recogerlo del suelo. Este proceso puede finalizar a veces en 5 minutos mientras que en otras ocasiones costará 5 semanas.

El animal intentará agotar todas las posibilidades de que dispone a fin de obtener su recompensa.

Paso 3. Una vez que el perro ha interiorizado las órdenes «Encontrar el objeto» y «Traer el *bringsel*», usted puede ampliar el ejercicio a base de colocar ese aparato en el arnés situado en el suelo. Ahora solo deberá hacer «clic» si el perro suelta el *bringsel*. A continuación ajuste de forma adecuada el arnés al perro: lo primero que debe hacer es encontrar la lata que busca y a continuación soltar por sí mismo el objeto que ahora lleva adherido a su arnés.

Paso 4. Amplíe la separación entre usted y el perro. Haga «clic» si el animal, con el *bringsel* en su boca, se acerca hacia usted. Si el perro, en un puro gesto de alegría y entusiasmo, suelta el juguete a sus pies, ignore este comportamiento erróneo y comience el ejercicio de nuevo. El éxito solo se consigue si el ejercicio acaba por ser correcto por completo.

Paso 5. A partir de ahora haga «clic» cuando el perro ya se haya acercado a usted con el *bringsel* en la boca y ambos puedan ponerse en marcha. Hay que tener en cuenta que el *clicker* solo debe sonar una vez que el perro ponga rumbo a la lata.

Debe hacérsele entender que el camino de vuelta también esta relacionado con la lata. Si el perro elige otra dirección, usted deberá ignorar su comportamiento y detenerse. Si, por el contrario, se dirige hacia la lata, recibirá un «clic».

Paso 6. Haga «clic» después de que (¡por fin!) el perro deje caer el *bringsel* y se encuentre justo al lado de la lata. Recompénsele con un juego que le permita eliminar todo el estrés acumulado, pues este ejercicio supone un exceso de exigencia para el animal.

Un «clic» **para conseguir el éxito**

RECOMPENSAR SIEMPRE: Después de cada «clic» siempre llega la recompensa o golosina. Nunca debe producirse un poco después, sino que siempre debe ir asociada al «clic». ¡No olvide que lo prometido es deuda!

EMPLEO MÚLTIPLE: Con el *clicker* usted puede transmitir a su perro cualquier tipo de orden. A base de pruebas activas el animal llegará a descubrir lo que usted quiere decirle con el «clic» y de esa forma obtendrá una recompensa.

Iniciación a la práctica

¿Tiene ganas de empezar con los primeros ejercicios? Lo mejor es comenzar el adiestramiento en casa. En una atmósfera tranquila, el perro se podrá concentrar en lo que es más esencial: olfatear. Si el tiempo es lluvioso, podrá realizar ciertos cambios en los ejercicios para que su amigo de cuatro patas pueda practicar dentro de casa. Por tanto: ¡Empezamos!

Comienza la aventura de olfatear

Después de que su perro haya entendido cómo mostrar que ha encontrado lo que buscaba, ya se puede entrar en el ámbito de la práctica de la búsqueda en casa. Asegúrese, sin embargo, de que su mascota domina a la perfección la forma de avisar del hallazgo a base de, por ejemplo, sentarse delante del objeto encontrado. Para empezar, el animal aprenderá a encontrar algo en su prueba de olfateo que coincida con el patrón de olor que usted le habrá puesto justo delante del hocico.

Los preparativos

Para poder comenzar con el juego es preciso preparar los objetos, que deben tener un olor idéntico al que vaya a buscar el perro. Para eso usted debe utilizar objetos exactamente iguales pues, de hecho, el perro solo los va a distinguir por el olor. Yo suelo utilizar posavasos de cerveza, que se pueden humedecer muy bien con distintos olores.

> Hágase con varios posavasos, bolsas para congelados con cierre de cremallera, unas pinzas de barbacoa y un paquete de lonchas de queso. Como alternativa también puede utilizar, con tal de que sean del mismo color, cartulinas o fiambreras.
> Varias horas antes del comienzo del juego deben llevarse a cabo los preparativos: lo primero es ponerse guantes de un solo uso. A partir de este momento solo deberá sujetar los objetos con las pinzas de barbacoa, de ese modo impedirá que su olor individual se quede impregnado en los posavasos.
> Haga una pila a base de colocar de forma alternativa un posavasos y una loncha de queso.
> Coloque esta *hamburguesa de posavasos* en la bolsa de congelados y ciérrela con la cremallera.
> Déjelo durante cierto tiempo para que el queso provoque su efecto sobre los posavasos, retírelo a continuación sirviéndose de las pinzas.

¡Y ahora empezamos!

Después de estos preparativos, ahora a quien le toca el turno es a su perro. En un primer momento es necesario que atienda a la orden «¡Siéntate!». Si le es posible, consiga que un ayudante se ocupe de que el animal espere con calma mientras tienen lugar los preparativos. Su mascota debe mirarle a usted con plena atención y seguir todos sus movimientos.

› Abra la bolsa de congelados. Use las pinzas para sacar uno de los posavasos y colóquelo en el suelo a unos cuantos metros del perro.

› Vuelva ahora hacia su mascota y póngale la bolsa delante del hocico. Una vez que el animal inspire, diga la palabra «¡Huele!» y retire la bolsa de inmediato.

› Su perro, con el hocico bajo, se dirigirá hacia el posavasos y se lo señalará. Si duda, puede usted animarle con su expresión corporal.

El perro muestra su interés en el patrón de olor que tiene forma de *hamburguesa de posavasos* con aroma de queso. Sin embargo, no tiene más remedio que resistirse.

› Diríjase de inmediato a él y elógiele de forma efusiva, mejor si es con una golosina. Si el animal, con el entusiasmo del hallazgo, olvida realizar el aviso, usted deberá dar un paso atrás y comenzar el ejercicio desde el principio (ver página 18 y siguientes).

› Repita el ejercicio varias veces. Al cabo de un máximo de 10 minutos de duración del juego su mascota, que ha dedicado una plena ocupación mental al trabajo, precisará disponer de una pausa de recuperación.

Se debe ajustar el *timing* de las órdenes

La señal «¡Huele!» debe emitirse justo en el momento en el que el animal inspira el olor asociado al objeto de búsqueda. De esa forma usted le indica el trabajo que debe realizar, es decir, lo que ha de buscar: justo el patrón de olor que tiene en su hocico en ese mismo instante. El *timing* es fundamental en esta orden, pues el perro dispone de medio segundo para asociar una acción, la de buscar un determinado olor, con la orden de oler. Para usted significa que debe lanzar esa señal en el momento preciso en el que el perro huela de hecho el posavasos, en el instante en el que el animal introduzca su hocico en la bolsa. Mantenga esa bolsa frente al perro de forma que él pueda memorizar el olor, pero nunca arrebatársela. Su mascota no debe mostrar ningún tipo de miedo si le acerca esa crujiente bolsa. Lo mejor es colocarse delante del perro, en cuclillas, y sujetar la bolsa a la altura del cuello, delante de su nariz. ¡Bajo ningún concepto debe ponerla alrededor del morro del animal!

¡Basta con una orden!

Renuncie a decir varias veces la señal «¡Huele!». Si el perro ya se ha puesto en marcha, va camino de la puerta y usted le dice «¡Huele!», usted no sabrá cuál es, de verdad, el olor que tienen en ese momento en el morro. Si el animal escucha la señal en situaciones muy distintas, no podrá asociar la orden «¡Huele!» con la búsqueda del olor correcto, como debería ser su comportamiento adecuado. Esto lleva al perro a establecer asociaciones erróneas y en la mayoría de los casos lo único que va a aprender es a ignorarle: usted ha usado en varias ocasiones y fuera de contexto la palabra «¡Huele!», por lo que esta señal deja de tener consecuencia y significado para el animal.

Realizar variantes

¡Regresemos al juego! Su perro ya ha entendido la asociación. Si ya es fiable en localizar objetos, se pueden introducir una serie de variaciones en la búsqueda. Observe a su perro en su trabajo de localizar cualquier cosa. Cuanto mejor pueda usted predecir e interpretar su comportamiento dentro de casa o en su entorno habitual, más fácil lo tendrá en las largas marchas por el exterior en ambientes menos acostumbrados.

Búsqueda a ciegas. Comience a esconder los posavasos sin que el perro los pueda ver de antemano y póngale a buscar por la habitación.

Aumentar el grado de la dificultad. Elija escondites cada vez más complicados y repartidos por toda la casa. ¡Si tiene usted niños, seguro que estarán encantados de ayudarle!

Cambios en el entorno. Abra la puerta de la terraza y permita que el perro también busque por el jardín. De esa forma se moverá sobre otra superficie y quedará sujeto a la acción de nuevos estímulos del entorno. Con este cambio conseguirá que el juego sea distinto para el animal y elevará de forma automática el nivel de dificultad del ejercicio.

Orientarse en la Naturaleza

CONSEJOS DE LA
EXPERTA EN PERROS
Kristina Falke

Un atajo a campo través y uno ya está extraviado. ¡Hay que echar mano de la capacidad de orientación de cada uno! ¿Usted carece de esa facultad? ¡La práctica hace maestros! Y, además, el hecho de que usted sea capaz de orientarse en cualquier sitio le servirá para reforzar la conciencia de su propia valía. Eso es algo que también percibe el perro y le motiva en su trabajo.

LEJANÍA: Intente, al pasear, estimar la distancia que hay hasta el siguiente árbol. Luego compruebe el número de pasos que ha tenido que dar para llegar hasta él. Enseguida podrá comprobar que ha adquirido un buen sentido de medida de las distancias.

MEDIOS AUXILIARES: La lectura de mapas le puede servir para informarse sobre caminos, zonas con agua y localidades. Los mapas topográficos llevan dibujadas unas líneas de nivel: si esas líneas están muy juntas significan que el terreno es bastante empinado; si están más separadas es señal de que el desnivel será menor.

GPS: Si dispone de un equipo manual de GPS que esté programado con el material más reciente de datos cartográficos, usted siempre sabrá dónde se encuentra. Si no tiene conexión con el satélite siempre puede recurrir a la brújula, al fin y al cabo no es nada difícil de manejar y orientarse con su ayuda resulta muy divertido.

Juegos de búsqueda en casa

¿Su perro ya ha incorporado a su rutina todas las órdenes y anhela nuevos desafíos? En tal caso usted no tendrá más remedio que modificar el juego. En el primer momento sólo debe variar alguno de sus componentes, por ejemplo el entorno o el objeto que se busca; no es posible realizar todos los cambios a la vez. De esa forma el animal podrá organizarse mejor. Es mejor no exigirle demasiado y tener muy en cuenta el grado de su capacidad de aprendizaje. Al fin y al cabo, lo que menos se desea es que se desmotive, debido a que no es capaz de conseguir ningún éxito. Como último requisito: siempre hay que elogiar mucho al perro si ha actuado de forma correcta. Eso incrementará su motivación para la siguiente sesión de búsqueda.

El juego de los cubiletes

Seguro que usted conoce este juego en el que se desplazan tres cubiletes a toda velocidad. ¡Para hacer cambios en los ejercicios, obligue al perro a encontrar el cubilete adecuado! Para ello precisará de un trozo de queso, una bolsa para olfatear y un surtido de vasos de plástico.

> Prepare una bolsa que huela a queso (ver páginas 24 y 25) y esconda un trozo de queso debajo de uno de los vasos.

> Coloque dos vasitos, boca abajo, delante del hocico del animal; debajo de uno de ellos habrá escondido un trozo de queso y en el otro no. ¡El perro no debe saber dónde se esconde el queso!

> Mantenga la bolsa con el queso delante del hocico del perro, permítale que olfatee y lance la orden «¡Huele queso!». Se ha incorporado una nueva palabra («queso») relacionada con otra que ya conocía.

> Su perro seguirá el olor y le mostrará el vaso adecuado. Usted debe mostrarse hábil si el animal resulta algo impetuoso y quiere volcar el vaso para hacerse de inmediato con la recompensa. No hay que permitirle nunca que se sirva los premios por sí mismo.

¡Un perro muy concentrado en el juego de los cubiletes y un aviso perfecto! Ahora hay que hacer un elogio.

› En el caso de un comportamiento adecuado, elogie unas cuantas veces al animal y repita el juego hasta que se familiarice a la perfección con la palabra «queso».

› Si el ejercicio funciona con dos vasos, amplíelo hasta tres. Más tarde ya podrá usar tantos como desee.

› Para entrar en el trabajo de rastreo de pistas, en los preparativos del ejercicio el vaso impregnado con olor a queso se puede desplazar por el suelo. De esa forma su mascota seguirá su primer rastro...

Buscar ayuda

Está claro que el perro se divierte mucho con la búsqueda de golosinas. Pero, poco a poco, también se puede utilizar su nariz rastreadora en la actividad diaria y hacer que nuestra vida sea mucho más sencilla con su ayuda. Si su perro, por ejemplo, domina la acción de aviso a base de traer si ha encontrado algo, puede enseñarle a la búsqueda en casa de sus zapatillas y que se las traiga a modo de saludo tan pronto como entre usted por la puerta. ¡Qué alivio después de un duro día de trabajo!

› Coloque las zapatillas dentro de una bolsa y deposítela a 1 m de distancia del perro. A la hora de hacer los preparativos para el rastreo nunca debe olvidar los guantes de un solo uso y las pinzas de barbacoa, de esa forma evitará que otras partículas olorosas puedan llevar al perro por un camino equivocado: si, por ejemplo, usted ha acariciado antes al gato y el perro capta ese olor cuando se le prepara para su juego de olfatear, asociará al gato con la palabra «zapatillas».

› La señal «¡Huele zapatilla!» emitida simultáneamente a una inspiración en la bolsa de olor será la señal de inicio para su perro. Se lanzará a la búsqueda de las zapatillas para traérselas.

› Recompense al animal y luego lance la señal «¡Suelta!». Si su mascota no la conoce, entréguele una golosina a cambio del calzado.

› Aumente de forma progresiva la distancia existente entre el perro y las zapatillas que debe buscar. Ense-

Incorpore los juegos de búsqueda a la vida cotidiana y haga que su perro se acostumbre a ellos; de esa forma conseguirá, por ejemplo, que busque y, como aviso a base de traer, le entregue las zapatillas.

guida entenderá la señal «¡Huele zapatillas!» e irá gustoso a buscarlas para recibir su recompensa.

› Al cabo de muchas repeticiones pruebe ahora con el siguiente ejemplo: retire la bolsa que utiliza para la captación del olor y limítese a utilizar solo la orden «¡Huele zapatillas!». Si regresa con ellas, usted sabrá que el animal ha asociado a la perfección «zapatillas» con la acción y el objeto adecuados.

› Si no funciona, siga el adiestramiento con la bolsa y tarde un poco más en incorporar la palabra.

› Como siguiente paso tendrá que traer las dos zapatillas. Si en un principio el animal sólo le entrega una de ellas, será necesario enviarle a recoger la segunda o bien, de forma provisional, hacer un paquete con las dos zapatillas atadas.

Agradable efecto secundario. ¿Su perro se siente muy satisfecho en el momento en que entra usted por la puerta? ¿Es tan grande su alegría que el entusiasmo le anima incluso a saltar? En tal caso usted puede canalizar toda esta satisfacción por el reencuentro de una forma muy hábil. Nada más entrar en el piso lance la señal «¡Huele zapatilla!»; su perro la percibirá como una misión, lo que significa una elevada concentración y un trabajo mental; está claro que se

Su perro puede aprender a distinguir los más diversos juguetes y traer el que usted le haya dicho.

dedicará al objeto de la búsqueda y ya no saltará como saludo. Lo mejor radica, sobre todo, en que constituye un magnífico ritual el que, después de un arduo

día de trabajo, su amigo de cuatro patas sea capaz de buscar y traerle las zapatillas. ¿No le parece?

Unos conceptos claros

¿Se le ha ocurrido alguna idea propia para ocupar a su perro con juegos de oler? Deje rienda suelta a su fantasía. Los ejercicios se pueden practicar todos de acuerdo con el mismo patrón (ver páginas 12 y 13).

No obstante, a la hora de incorporar una palabra de señal de búsqueda a su repertorio deberá tener en cuenta lo siguiente:

> El perro solo puede asociar una señal con una acción o un objeto. Su capacidad de abstracción es limitada. Por tanto, usted deberá hablar de antemano con todas las personas que vayan a jugar con la mascota y dejar definido de una forma muy clara que ese objeto que el animal debe buscar va a ser llamado con una única palabra: «¡Pelota!».

> Si en la casa hay varias pelotas, la segunda debe recibir otro nombre (por ejemplo, «¡Bola!» o «¡Balón!». Para el perro son, de hecho, dos objetos distintos con olores diferentes.

Uno tras otro

Los nuevos objetos de búsqueda siempre se deben incorporar de la misma forma al adiestramiento: si lo próximo que debe buscar su perro es una pelota, colóquese en primer lugar los guantes de un solo uso y después frote la pelota con un posavasos hasta que éste adquiera el olor de la pelota. Ahora el perro memorizará el olor adherido al posavasos y al mismo tiempo recibirá la señal «¡Huele pelota!». Si, después de un número suficiente de repeticiones usted está ya seguro de que el animal ha asociado bien la orden con la acción adecuada, ahora podrá introducir otro objeto, como puede ser un muñeco. Los juguetes que ya sean familiares al perro deben estar siempre juntos en el momento en que su mascota vaya a aprender a reconocer uno de características nuevas.

Además ocúpese de que el perro no sólo identifique el juguete con la vista: a la hora de preparar la búsqueda del mismo, trastee con ellos de forma que quede oculto por completo entre los demás. De ese modo evitará que, al cabo de un tiempo, el animal se acostumbre a la búsqueda visual y evite hacerlo mediante su olfato.

Búsqueda de sorpresas para perros

Para elevar el grado de dificultad usted puede esconder los juguetes por el piso y motivar al animal para que los busque. Si el perro no puede ver los objetos porque están situados detrás de un sofá o debajo de una alfombra, no tendrá más remedio que servirse del olfato para lograr el éxito. No obstante, haga lo necesario para que el animal siempre consiga ese éxito, así se incrementará su motivación y se sentirá estimulado para nuevos juegos de búsqueda.

Seguro que podrá contar con sus hijos para preparar este ejercicio. A ellos se les ocurren unos estupendos escondites en los que nunca caería un adulto. Así resultará mucho más emocionante. Una vez que el ejercicio funcione bien dentro de casa, la búsqueda se puede ampliar por el jardín.

¿Quién lo adivina?

Un ejercicio para venteadores avanzados es la diferenciación entre distintos frutos secos. Compruebe usted mismo lo complicado que puede resultarle este ejercicio: cierre los ojos y pida que le pongan frutos secos o especias debajo de la nariz. ¿Ha reconocido todas las variedades? No es tan fácil, pero resulta muy adecuado para su perro:

› Para este «juego de identificación» hágase con algunas nueces, avellanas, almendras, nuez moscada, nueces del Brasil y cacahuetes, ya sean enteros o molidos.

› Utilice posavasos de cerveza e imprégnelos de los olores elegidos. Para una prueba con cinco olores precisará de seis posavasos, puesto que uno de ellos le servirá como muestra o patrón de olor.

› Tenga muy presente que debe utilizar un par de guantes desechables nuevos para cada olor. Es el único modo de garantizar que no se mezclen unos olores con otros.

› Frote cada posavasos con uno de los productos, enteros o molidos, que va a usar. Guárdelos todos en distintas bolsas de congelados provistas de cremallera.

Comience la búsqueda de objetos con el juguete favorito de su perro. Su motivación por encontrarlo será mayor debido a que le gusta jugar con él.

› Ahora necesitará una muestra de olor que podrá colocar bajo el hocico del animal. Por ejemplo, impregne el sexto posavasos con el aroma de la avellana.

› En un principio deberá colocar los posavasos bien separados a fin de que los olores no se puedan mezclar entre sí.

› Lance la orden «¡Huele avellana!» para que su mascota se ponga a la búsqueda; al mismo tiempo deje que capte el olor de la correspondiente muestra.

› Compruebe que, a pesar de su dificultad, el perro no se dejará engañar y el juego funcionará. Sin embargo, cada dos o tres recorridos deberá dejar una pausa para que descanse el animal.

¡Sólo para alumnos aventajados!

El ejercicio anterior se pude organizar de forma que, con el paso del tiempo, el perro sea capaz de distinguir todos los productos utilizados. La condición previa es que usted siempre diga el nombre adecuado a la búsqueda, por ejemplo «¡Huele cacahuetes!» o «¡Huele nuez moscada!».

› Si su perro tiene problemas para buscar de forma correcta los distintos olores, se deberá organizar una búsqueda algo más sencilla: comience con dos de los frutos e incremente poco a poco la dificultad del ejercicio pasando de dos a tres y luego a cuatro hasta conseguir el objetivo propuesto. No olvide que el perro tiene que poder interiorizar cada uno de los pasos intermedios.

› Si el perro ya domina el juego se podrá eliminar la muestra de olor. A partir de ahora el animal debe actuar al recibir la orden correspondiente.

Si los materiales, la forma y el color son idénticos, usted tendrá la seguridad de que el perro puede reconocer los distintos patrones de olor sin servirse de la vista.

Alergia **a los frutos secos**

Si algún miembro de su familia o usted mismo es alérgico a los frutos secos o a determinada especia, su perro puede servirle de detective y olfatear cualquier traza de ellos que pueda haber en los alimentos. Puesto que todos suelen formar parte, junto con otros muchos componentes, de varias comidas, la misión será muy exigente para su mascota.

RECONOCER: Comience el ejercicio de tal forma que el animal a través de la orden «¡Huele avellana!» pueda distinguir este fruto seco del resto de los productos.

INCREMENTAR: Comience con avellanas puras y luego trabaje con alimentos en los que solo haya cantidades muy pequeñas de las mismas. El ejercicio se puede realizar de la misma forma con el resto de los productos.

Las malditas llaves

Con la señal «¡Huele llaves!» mis perros aprendieron a olfatear esas cosas que siempre se pierden: las llaves. Esa orden es, además, una magnífica oportunidad para eliminar la palabra «huele» tan pronto como el perro haya entendido la orden completa.

❯ Adiestre a su perro para que le traiga las llaves; siga el mismo modelo que se ha indicado en el apartado *Buscar ayuda* (ver página 29).

❯ Tan pronto como el perro haya entendido la señal «¡Huele llaves!», deberá comenzar a variar el tono de su voz: a partir de ahora la palabra «huele» se pronunciará mucho más baja que «llaves» hasta que, al final, eliminemos del todo el verbo. De esa forma, la orden «¡Llaves!» se convertirá en el estímulo que deberá motivar la búsqueda. El método se puede transferir muy bien a otros ejercicios: se trata de pronunciar tan solo el nombre del objeto buscado.

❯ Si dispone de varios manojos de llaves, cada uno deberá tener su propio nombre de identificación y así podrá hacer que su mascota le busque unas llaves en particular. Practique fuera de casa y en el coche, y pronuncie la orden en todos aquellos lugares en los que usted mismo también buscaría sus llaves…

¿Está siempre desesperado a la busca de sus llaves? Lo más sencillo es pedir ayuda a su perro ¡Seguro que las encontrará mucho antes que usted!

Juegos de búsqueda en el exterior

Si la meteorología es favorable, los juegos de rastreo pueden tener lugar sin problemas al aire libre. Además, ahora toda la familia podrá participar en este nuevo *hobby* del perro. Seguro que los niños se lo pasarán muy bien si el perro se dedica a buscarles. Para ese juego del escondite elija un terreno en el que su mascota pueda buscar sin tener que ir sujeto con la correa. Al principio lo más adecuado son los jardines: de esta forma el animal podrá seguir los dictados de su olfato sin estar sujeto a presiones.

Los niños al poder

Permita que sus hijos preparen el rastreo. En estos casos hay que repartir los papeles: uno de ellos se queda con usted y mantiene los ojos cerrados mientras el otro se esconde. A continuación tanto el perro como el niño se pondrán a la búsqueda de esa persona que se ha escondido. ¿Quién lo va a encontrar primero? ¿El niño se servirá de la vista y el perro del olfato? Si es el perro el que localiza el escondite, la alegría será mucho mayor, pues él también tiene que divertirse con el ejercicio, para lo que el niño escondido debe llevar en la mano el juguete favorito de su mascota. Después de una búsqueda con éxito, tanto el niño como el perro pueden jugar juntos. Esta forma de recompensa es para muchos animales tan estupenda y atractiva como pudiera resultar el premio de una golosina.

Prueba para emergencias

¿Su mascota pertenece al orden de los *alumnos* que durante los paseos diarios les gusta tomar su propio camino con la absoluta seguridad de que en algún momento usted irá detrás de él?

En estos casos lo mejor que puede hacer es esconderse detrás de un árbol. El perro se dará cuenta de que, en contra de lo habitual, usted no le sigue. Eso es algo que le hará sentirse inseguro. Regresará a buscarle al lugar en el que le vio por última vez y utilizará el olfato para poder seguir su rastro desde ese punto. Una vez que el perro le localice, no debe ser objeto de castigo por alejarse demasiado y no atender a las señales de su dueño, porque en ese momento el animal ya lo habrá olvidado desde hace mucho tiempo. Lo mejor es que le elogie por haber ido a buscarle y, además, por encontrarle. Repita este proceso varias veces. En el futuro el perro se acostumbrará a tenerlo siempre al alcance de la vista y se preocupará de usted para no despistarse y evitar nuevos extravíos.

Antes de enviarle en busca de un objeto deberá utilizar un juego como recompensa que sirva para motivar a su perro.

¡Para que los juegos de olfatear resulten divertidos!

A todos los perros les encanta emplear su olfato en el seguimiento de rastros. Para que no cambien las cosas le sugiero algunos consejos que puede utilizar en el adiestramiento de olfatear mientras pasean.

Va bien

+ Observe a su perro durante su rastreo. Si comprueba que está agobiado por el estrés, procure que consiga la relajación por medio de un juego.

+ Lleve siempre consigo algo de agua y ofrézcasela al perro durante cada pausa de recuperación.

+ Para un trabajo de rastreo algo más prolongado, lleve una manta para que el perro pueda descansar sobre ella.

+ Ocúpese de que la búsqueda concluya siempre con un resultado positivo. ¡Resultará mucho más divertida!

Mejor no

− No hay que dar de comer al perro antes de una búsqueda. Eso incrementaría bastante el peligro de una torsión de estómago.

− Eleve despacio el grado de dificultad en los trabajos de rastreo. Si el perro se siente muy exigido perderá toda la motivación.

− No someta a ningún castigo al animal si, en su opinión, ha hecho algo equivocado. ¡El miedo es un mal maestro!

− No sea demasiado ambicioso. Ese estado de ánimo se transfiere al perro, le motivará demasiado y le hará estar agitado y nervioso.

Un utensilio importante: la correa de rastrear

El utensilio más importante para los juegos de olfatear es una correa especial para seguir rastros. Por regla general llegan a tener hasta unos 20 m de largo y, en caso de un trabajo conjunto, suponen mantener el contacto entre usted y su mascota. Si el perro está sujeto a la correa siempre podrá ser controlado. Para los apasionados de la caza se trata de un aspecto muy importante, sobre todo si usted se encuentra al principio del adiestramiento y su compañero de cuatro patas se distrae con facilidad. Si le mantiene siempre a mano, eso se reflejará en la actitud interna del animal y usted lo percibirá con toda seguridad.

Lo que hay que tener en cuenta a la hora de comprar

› La correa siempre se debe ajustar al tamaño y el peso del perro.
› Lo recomendable son unas ligeras correas de plástico o de cintas planas entretejidas. No se empapan con la lluvia y son fáciles de mantener y limpiar.

Las correas de cuero son poco apropiadas para este trabajo, pues la lluvia hace que el material quede pesado y escurridizo. Exigen mucho tiempo hasta que se secan y deben ser cuidadas con esmero para que no se vuelvan duras y frágiles.
› Una correa de color fosforescente llamará mucho la atención y será fácil de encontrar aunque esté caída en el suelo y haya oscurecido.

El trabajo con la correa

Su perro no es capaz de hablar y en consecuencia no puede aportar ninguna retroalimentación sobre las condiciones de la correa que usted le ha colocado. Por ello, el principio, hágase con un *sucedáneo de perro* en forma de compañero humano para el adiestramiento. El ejercicio con la correa le hará aprender a ajustar la velocidad de carrera del perro, así como a entender su expresión corporal y las indicaciones que le transmite.
› Dé a su ayudante un radio de correa de 2 a 3 m y pónganse juntos a correr. Su misión consiste en reaccionar ante los diversos cambios de velocidad y dirección y a las paradas de su *perro*. Reaccionar significa que usted continúa pero la correa mantiene siempre la misma tensión.
› Permita que sea su *perro* el que marque la dirección y usted debe aprender, de acuerdo con las necesidades de cada momento, a recoger y soltar la correa. ¡La práctica hace maestros! El *propietario* ya estará preparado para la práctica del rastreo cuando su can tenga la sensación de que usted casi no está allí.

Si se trata de perros de caza que practican la búsqueda al aire libre en zonas con mucho animal silvestre, la correa ofrece mucha seguridad al dueño.

Mientras su perro trabaja, usted no debe ejercer ningún tipo de presión sobre él. Durante el trabajo de rastreo la correa debe permanecer tensa; esta tensión siempre la fijará el animal, nunca usted, en función de su *tempo* de trabajo. Tenga contacto con el perro tan solo por medio de la correa y ajústese a su velocidad, todo lo demás podría confundir al animal. Para alegría del perro, a la hora de olfatear no debe preocuparse de tener en cuenta la guía que supone la correa. En ocasiones resulta complicado explicar al perro que durante su trabajo debe tirar de la correa, pero no después. Lo mejor es que su mascota ya haya aprendido a no tirar si lleva puesto el collar. Luego se puede introducir el siguiente ritual de inicio al rastreo, con el que usted le dejará comenzar la *sesión de olfateo* a partir de ese momento:

› Lleve a su perro sujeto por el collar hasta el punto en el que empezará la búsqueda.

› Ahora suelte el collar y colóquele el arnés de búsqueda; este equipo solo deberá llevarlo durante el trabajo de localización. Debe disponer de una trabilla de sujeción en el pecho y otra en la espalda, llevar una doble costura y siempre ha de ser acolchado. Puesto que durante la búsqueda el perro siempre estará reclinado y apoyado contra el arnés, habrá que procurar, en atención a la salud del animal, que ese correaje sea lo más cómodo posible.

Yo le recomiendo un arnés que se sujete con una trabilla en la espalda. Si se engancha en una del pecho, en los perros muy motivados existe el peligro de que, bajo el efecto de una gran tensión, la correa se pueda enganchar entre las patas delanteras y las traseras o en la zona del pecho, con lo que pueden aparecer excoriaciones o lesiones provocadas por la presión.

› Al cambiar el collar por el arnés de trabajo usted le indica al perro que acaba de comenzar el trabajo. Después de la búsqueda y con un nuevo cambio al collar el animal sabe que va a volver a ser guiado por la correa, es decir, esta debe ir floja y el perro habrá de ir de paseo como si hubiera recibido la orden «¡A mis pies!».

› Ahora debe enganchar la correa de arrastre en el mosquetón de la espalda. Póngase unos guantes para evitarse quemaduras con la correa. Le servirán cuando el perro tire de ella para salir a toda velocidad y usted deje correr la correa entre sus dedos.

El equipamiento con un arnés de trabajo que se ajuste a la perfección y, además, una propietaria que se mantiene en segundo plano: son las mejores condiciones previas para concentrarse en un trabajo activo que sirva para localizar con el olfato el objeto de la búsqueda.

El rastro de la salchicha

Una vez realizada la tarea de rastreo en su entorno personal y en un ambiente conocido, ahora le toca el turno al trabajo de campo: su perro aprende a seguir un rastro que usted le ha preparado. Para preparar el rastreo deberá tener muy en cuenta las indicaciones que figuran a continuación, puesto que son necesarias a la hora de dejar dichas pistas:

› Marque con mucha claridad el punto de inicio del rastreo para que tanto la persona como el perro lo puedan identificar de forma inequívoca. Se puede colocar, por ejemplo, un bastón clavado vertical en el suelo.

› Tienda el rastro de forma que al cabo de algún tiempo aún se pueda identificar su trazado. Hay que marcar el rastreo de forma que la evolución de esa huella se haga siempre según el mismo sistema (ver página 45). Se trata de conseguir que el ayudante que acompañe al perro en su búsqueda (ver página 52) se pueda orientar mucho mejor.

› Al comienzo del trabajo lo que aparece en primer plano es que el perro siga un rastro. No es obligatorio enseñarle el objeto de búsqueda; si, por ejemplo, se trata de la codiciada golosina colocada en la meta del recorrido, iría a toda velocidad a comérsela.

› Una vez que el perro haya aprendido su misión, ya se sentirá muy motivado: sabe que en el punto final del rastreo será recompensado de alguna forma. En ese momento se podrá meter en una bolsa de comida la salchicha utilizada para marcar el rastro; como el perro no será capaz de conseguir su premio por sí mismo, necesitará su ayuda y para eso le transmitirá el aviso de su hallazgo.

Llegamos al momento crucial

La primera pista debe ser bastante clara. Yo sugiero trabajar con las golosinas que sean más del gusto del perro; pueden ser, por ejemplo, unas pequeñas salchichas.

› Póngase los guantes, sujete la salchicha a un cordel y coloque todo dentro de una bolsa para congelados.

› Diríjase al punto de salida que usted haya previsto y saque el contenido de la bolsa. Antes de dejar la primera pista tenga muy en cuenta que el rastro quede situado a favor del viento. Puede ocurrir que al comienzo del adiestramiento el perro se vea obligado a trabajar en demasiadas ocasiones con viento en con-

Basta con el arrastre por el suelo de una pequeña salchicha para llamar la atención de su perro.

tra, y eso le hará olfatear siempre con el hocico en alto, lo que será una dificultad para encontrar el rastro correcto.

› Ahora coloque sobre el suelo el extremo final de la cuerda, con la salchicha atada y arrástrelo algunos metros para que deje una huella fresca de olor. Al principio bastará con que el rastro tenga de 3 a 5 m. Deje la salchicha en el terreno justo en la zona de la meta.

› Regrese con un rodeo al punto en que le espera el perro; de esa forma las partículas olorosas del camino de vuelta no se entremezclarán con el auténtico rastro. Su mascota debe seguir todo este proceso en un pleno estado de relajación.

› Permita que el perro huela sus guantes, que estarán impregnados del olor a salchicha. Comience con la señal «¡Huele salchicha!». En el mejor de los casos el perro seguirá la huella con el olfato. Deberá darle un tiempo para que se centre. Si observa que se aleja sin remedio del rastro, hágale volver a él con un «Neenee».

› Al comienzo del adiestramiento no tiene por qué existir un aviso emitido por el perro: el animal recibirá su recompensa tan pronto como haya encontrado la pista correspondiente.

Merece la pena esmerarse

Si el perro se precipita sobre la salchicha colocada como premio en la meta, en paralelo al rastro y durante todo su recorrido, cada 20 ó 30 cm se pueden colocar unos trozos muy pequeños del embutido utilizado. La pequeñez de los trozos está justificada para conseguir que el animal pueda comerlos sin perder tiempo en masticar. De ese modo se mantendrá la motivación y en el transcurso de unos pocos metros el perro no se sentirá saciado y satisfecho por haber calmado su hambre. A su mascota no le pasarán inadvertidas esas golosinas y en el futuro trabajará con el hocico pegado al suelo; habrá aprendido que para recibir su premio merece la pena esmerarse y seguir los dictados de su olfato en lugar de limitarse solo a la vista. El embutido se puede sustituir por queso o comida seca.

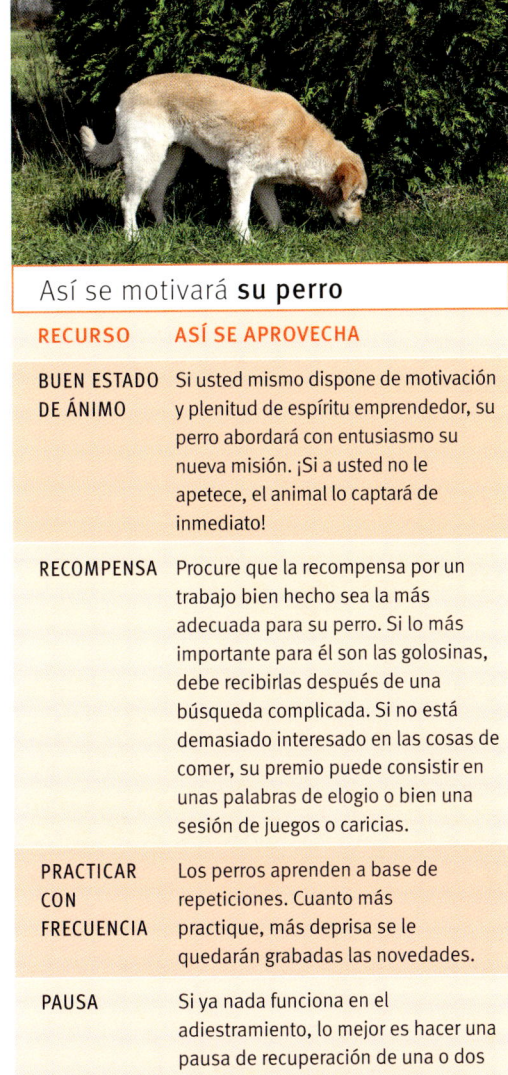

Así se motivará **su perro**

RECURSO	ASÍ SE APROVECHA
BUEN ESTADO DE ÁNIMO	Si usted mismo dispone de motivación y plenitud de espíritu emprendedor, su perro abordará con entusiasmo su nueva misión. ¡Si a usted no le apetece, el animal lo captará de inmediato!
RECOMPENSA	Procure que la recompensa por un trabajo bien hecho sea la más adecuada para su perro. Si lo más importante para él son las golosinas, debe recibirlas después de una búsqueda complicada. Si no está demasiado interesado en las cosas de comer, su premio puede consistir en unas palabras de elogio o bien una sesión de juegos o caricias.
PRACTICAR CON FRECUENCIA	Los perros aprenden a base de repeticiones. Cuanto más practique, más deprisa se le quedarán grabadas las novedades.
PAUSA	Si ya nada funciona en el adiestramiento, lo mejor es hacer una pausa de recuperación de una o dos semanas. Este tiempo servirá para que el cerebro del perro asimile las nuevas experiencias.

De excursión por el terreno

Su perro ahora ya no es ningún principiante, por lo que también puede someter a prueba su olfato en diversos tipos de terreno. A partir de este momento las excursiones y caminatas serán cada vez más largas, por lo que usted deberá ampliar el equipamiento con algunos utensilios más. Tenga en cuenta que es una excitante aventura y que al preparar el rastreo no se debe dejar nada al azar...

Equipado para todo lo que surja

Colocar las pistas y luego entrenarse con el perro; esta nueva afición al rastreo le va a obligar a pasar más tiempo al aire libre. Todo resultará muy divertido si, cualquiera que sea la meteorología, su equipamiento para el rastreo es el más adecuado. Por ejemplo, son necesarios unos resistentes zapatos impermeables. También resulta imprescindible disponer de un chaquetón adecuado para la lluvia, debajo podrá acomodar una mochila ligera con todo lo necesario para la excursión conjunta con el perro:

› Correa especial o arnés de búsqueda para rastrear, collar, arnés de trabajo y una correa normal. Si se quiere realizar una pausa en los trabajos de olfateo será necesario disponer de una segunda correa. Para evitar que tanto correaje se pueda enredar dentro de la mochila, hay que doblarlas con mucho cuidado y sujetarlas con una goma. Las correas húmedas deberán ir en una bolsa de plástico para evitar que se manche el resto del equipo que vaya en la mochila.

› Agua, golosinas para dar de comer al perro de vez en cuando y, si se diera el caso, también un piscolabis intermedio. Si prevé que la excursión pudiera durar más de cuatro horas, en la mitad deberá ofrecer al animal la cuarta parte de su ración diaria habitual; después de esa comida el perro deberá poder descansar durante una media hora.

› Un pequeño botiquín de primeros auxilios servirá para tratar las heridas que pudieran sufrir tanto usted como el perro. Lo más necesario serán vendas, paños limpios, tijeras, tiritas y algún desinfectante. Un teléfono móvil puede resultar de gran utilidad para pedir ayuda en caso de emergencia.

› En la oscuridad, los parches reflectantes aseguran que su perro pueda ser visto y que los viandantes o los ciclistas no se puedan asustar si de repente sale de un arbusto. ¡Hay que prevenir cualquier posible conflicto! En las excursiones para realizar búsquedas durante la noche, usted también debería llevar elementos reflectantes enganchados en su ropa.

El terreno más adecuado para los ejercicios

La Naturaleza al aire libre, donde de ahora en adelante usted va a seguir los rastros en compañía de su mascota, está poblada de paseantes, ciclistas, practicantes de *footing* y otras muchas personas que buscan un momento de descanso (con y sin acompañante animal). Eso exige mantener una actitud general de consideración y mutuo respeto porque, al fin y al cabo, lo que todos quieren es volver a casa relajados y satisfechos después de un buen paseo. También hay que prestar la máxima consideración a la flora y los animales silvestres.

Lo que dice la legislación

Junto al respeto a los demás y unas reglas básicas de comportamiento de las que usted, como dueño responsable del perro, hará uso con toda seguridad, existen una gran cantidad de leyes que regulan nuestra estancia y sirven de protección a la Naturaleza. Suelen ser variables según los países e incluso en territorios distintos dentro de un mismo país, pero en conjunto todas se mueven dentro de un marco muy común de actuación.

De paseo por los prados...

Por regla general sólo está permitido el derecho de acceso a las superficies agrícolas cultivables si en ese momento no se da en ellas ningún tipo de explotación. En prados y pastos, la época de prohibición de acceso suele ser la primavera y el verano y en las superficies cultivadas no se puede entrar desde el momento de plantación hasta el final de la cosecha. Las infracciones pueden ser sancionadas de formas muy diversas según el criterio de las autoridades locales.

Si su perro deja algún excremento sobre el prado es obligatorio retirarlo. Las heces del perro no solo provocan que la hierba resulte inutilizable para el consumo sino que, además, pueden dejar sobre el terreno agentes patógenos de *Neospora caninum*. Estos parásitos causan neosporosis, que en el caso del ganado vacuno puede provocar abortos.

Si quiere realizar prácticas sobre eriales, lo mejor es hablar con el propietario del terreno en cuestión y, sobre todo en primavera, hay que tener muy en cuenta a los pájaros que están incubando o también a otros animales silvestres que acostumbran a llevar sus crías a esas zonas.

... y los bosques

La legislación relativa a las zonas de bosques suele permitir penetrar en tales terrenos siempre que se haga solo con fines recreativos. No obstante, siempre deberá mantener al perro bajo control, el animal acudirá de inmediato si le llama o le silba.

Es necesario prestar especial atención a los animales silvestres durante su época de preñez e incubación. En primavera no se puede permitir que el perro se aleje mucho en el bosque, de esa forma se evitará que molesten a cualquier ejemplar de la fauna silvestre, ya se trate de adultos o crías.

De paseo en **grupo**

¿Hay veces en que no le apetece caminar en soledad a fin de dejar algunos rastros destinados a su perro? ¡Busque un equipo de gente con ideas afines a la suya para practicar el trabajo en grupo!

AYUDA MUTUA: Pueden marcar rastros comunes de acuerdo con las mismas reglas.

FEEDBACK: Su compañero de paseo le dirá con total objetividad lo que usted haya hecho bien o mal en cada caso.

Aunque exista una espesa capa de nieve, el rastreo puede continuar sin problemas a pesar del tiempo meteorológico. Las partículas olorosas se conservan muy bien con el frío de la nieve.

Si su perro está concentrado en su tarea de olfatear no se percatará de la distracción que supone la presencia de congéneres u otros estímulos que pudiera haber en el ambiente.

La atención habrá de ser máxima a las horas de la salida o la puesta de sol. Los animales del campo se muestran muy activos en esos momentos y hasta el perro más obediente podría sucumbir a la tentación de lanzarse en su persecución.

¿Cuándo debe ir atado el perro?

No suele ser obligatorio que los perros estén sujetos con la correa al moverse por el bosque, fuera de caminos transitados o en campo abierto. No obstante, se dan casos excepcionales en que esa libertad puede ser objeto de algunas restricciones: hay zonas boscosas o caminos en que los animales deben ir atados y atender las indicaciones de la correa, lo mismo cabe decir para las zonas naturales protegidas. Las directrices y ordenanzas correspondientes suelen figurar escritas en los límites de acceso a tales zonas protegidas.
Si su perro no es demasiado fiable en cuanto a obediencia y entran en un terreno donde pueden existir animales silvestres en libertad, lo mejor es que vaya bien sujeto con la correa.

De paseo por la ciudad

En la ciudad hay alboroto, gran cantidad de ruidos y muchas personas. Las distracciones y un entorno pleno de estímulos están a la orden del día. En resumen: se trata de un lugar de prácticas muy interesante y recomendable. No obstante, solo habrá que permitir que el perro se enfrente a este exceso de exigencias si ya dispone de los hábitos rutinarios necesarios para el trabajo de olfatear.

El entorno óptimo

Sin importar las condiciones del terreno por el que paseen, en un primer momento los trabajos de rastreo no deben ser demasiado difíciles para el perro:
› Su perro olfateará mejor en suelos blandos que en asfalto o entre ásperos terrones del campo.
› Los campos recién segados pueden resultar bastante complicados: puede surgir bastante confusión por las rodadas de los tractores o la gran cantidad de hierba cortada en proceso de fermentación.
› En campo abierto usted dispondrá de mejor visión de conjunto. Le resultará fácil comprobar la cercanía de otras personas o animales.
› Evite la maleza espesa cuajada de zarzamoras o arbustos espinosos con endrinas y bayas punzantes. Usted podrá pasar sin problemas con sus botas de montaña, pero su perro se podría pinchar o quedarse enganchado entre las zarzas.

Las primeras pistas

Para que su perro se pueda poner a trabajar, primero es necesario hacer la preparación del rastreo y depositar unas pistas. Usted debe poder seguir esas pistas con la mirada durante el recorrido de rastreo. Así podrá reconocer si su perro se mueve por el rastro adecuado.

Preparativos

Lo mejor es planificar en casa la sucesión de pasos a dar y etapas a cubrir y llevarlo todo escrito en un papel, que sacará en el punto de inicio del trabajo para

seguirlos con el máximo cuidado. Por ejemplo: «Desde la salida 20 pasos seguidos, ángulo de 90° a la derecha, 15 pasos seguidos...». Después podrá realizar un boceto del trazado para marcar en él los puntos más notables del terreno. ¡Eso le facilitará mucho la orientación!

¿Quién deja el rastro?

Las primeras veces será usted mismo el que marque los rastros. De esa forma se grabará mejor el recorrido en su memoria. Si tanto usted como el perro constituyen un equipo experimentado, puede ser un ayudante el que se ocupe de dejar las pistas. Todo resultará aún más sencillo si usted se preocupa de marcar siempre con las mismas señales para cada circunstancia (ver página 45).

¿Cómo evoluciona la huella?

Al comienzo del adiestramiento el rastro debe ser muy claro: cuantas más partículas olorosas haya en él, más sencillo será el ejercicio. Coloque un pie delante de otro de forma que se toquen las huellas. Cuanto más lento camine más intenso será el olor del objeto a buscar que usted lleva arrastrando (ver página 38). Al final esconderá ese objeto en algún lugar del terreno. Regrese hasta donde se ha quedado el perro, pero siempre debe dar un rodeo para no pisar las huellas dejadas antes.

> Si su perro ya domina algo la rutina, usted puede dar pasos de una longitud normal.

> Después ya no se arrastrará el objeto de la búsqueda, bastará con llevarlo en la mano enguantada.

El punto de inicio del rastreo es el umbral de los estímulos, ha de estar bien marcado para la persona y el perro y debe ser identificable a la perfección.

¿Dónde espera el perro?

› Al principio, mientras usted hace los preparativos del rastreo, debe haber una persona que espere junto al perro, a unos 2 m del punto de partida. Desde allí el animal podrá observarle a usted sin incurrir en distracciones.

› Una vez que el perro ya conozca la evolución del ejercicio, se podrá incrementar el grado de dificultad y dejar que el animal espere en el coche o en casa; también puede pedir a una segunda persona que se vaya a dar un largo paseo con su mascota. Una vez que haya procedido a la preparación del rastreo, vaya a buscar a ambos para, ya juntos, dirigirse al punto de partida y comenzar con el ritual de inicio (ver página 47).

La longitud de los recorridos

Aumente poco a poco la separación de las pistas. Al principio pueden estar a 10 m una de la siguiente. Si el animal olfatea todo el rastro con plena concentración, podrá elevar la longitud del rastreo en unos 2 m más. Procure no exigirle demasiado a su mascota, pues puede perderse toda la diversión.

Ángulos, rectas, curvas

Siempre parece muy divertido preparar un recorrido de rastros a base de ángulos y curvas. Pero piense que el animal ya sabe oler a la perfección y lo que debe aprender es a seguir con constancia un rastro de olor. Al principio le resultará más cómodo seguir las pistas dispuestas en amplias curvas, pues son más fáciles de olfatear. Los trazados en zig-zag colocados a muy poca distancia significan muchas partículas olorosas que interactúan unas sobre las otras y pueden llegar a irritar al animal.

› Varíe además el terreno sobre el que se va a practicar la búsqueda del objeto: de esa forma su perro dispondrá de experiencias que le servirán de orientación en distintos tipos de suelo.

› Ocúpese de incrementar el grado de dificultad de las huellas. Ello puede significar que otra persona cruce, adrede, sobre el rastro que usted ha dejado.

El perro precisará agua fresca de forma periódica si las caminatas son largas o hay un exceso de calor: no hay que darle demasiada pues podría trastornarle el estómago.

Orientación a base de **pinzas de la ropa**

¿Dónde está el rastro? Su perro puede resolver esta pregunta sirviéndose de su olfato, pero para usted la cosa será más sencilla si coloca avisos visuales. Limítese a marcar el recorrido con pinzas para la ropa que sean de diversos colores.

HITOS DE DIRECCIÓN: Una pinza roja muestra que la pista tuerce hacia la izquierda y una verde que lo hace a la derecha. Las pinzas azules significan que hay que seguir derecho.

HITOS DE DISTANCIA: Además, si cuenta las pinzas azules podrá saber la distancia a que se encuentra de la meta. Basta colocar números en descenso en los arbustos y matorrales bajos. Un «5» significaría: «¡Aún quedan cinco pinzas más para llegar al final!». ¡Eso le aportará mucha seguridad!

Así se hace: una búsqueda de principio a fin

Usted facilita que su perro se concentre en el trabajo si siempre hace unos preparativos para el rastreo a base de rituales y señales de inicio que se repitan de forma constante. Una vez que se han fijado no debe haber variaciones; de esa forma el perro gana en seguridad.

tranquilidad, poder olisquear a su aire y familiarizarse con un entorno que es posible que le resulte desconocido. Concédale todo el tiempo que necesite para que luego no sufra distracciones causadas por influencias exteriores.

Tranquilidad al empezar

El perro solo debe ponerse a trabajar si se encuentra muy tranquilo. Y eso significa algo más que estar de buen humor y sentirse motivado. Antes de comenzar con su tarea, el perro debe estar relajado con total

El comienzo

Utilice el tiempo de orientación que necesita el perro para marcar el punto de inicio y que sea identificable para el animal. Señale en el suelo, con mucha claridad, ese punto de partida, por ejemplo con un palo

Los niños se mostrarán muy satisfechos de que su perro les busque mientras dan un paseo todos juntos. Los juegos de escondite como este sirven para aportar variedad a la actividad de todos los días y también favorecen la relación entre el perro y el niño.

grande o un trozo de cinta de señalización. Esta última tiene la ventaja de que se puede colocar sobre cualquier terreno, como por ejemplo una pradera, un sendero o el suelo de bosque y no hay ningún problema en identificarla con la vista como punto de partida. En caso necesario puede sujetar la cinta en el suelo con unas estaquillas y así evitará que salga volando.

El ritual de inicio

A partir de ahora ya entra el perro en el juego:

> Posiciónese siempre en el mismo lugar y con las piernas separadas delante de la cinta de señalización estirada.

> Flexione el tronco hacia delante de modo que el perro pueda ver a través de sus piernas. Llámele por su nombre e incítele con una golosina para que pase a través de sus piernas.

> En ese momento preciso es cuando usted deberá erguirse. Mantenga la golosina muy pegada a su cuerpo y algo por encima de la altura del hocico del animal, que intentará acceder a ella y, como movimiento reflejo, procederá a sentarse. Entonces deberá recibir la señal «¡Al centro!» y él se tendrá que sentar justo entre sus piernas, delante de la línea de salida.

> Si a su perro le resulta complicado pasar entre sus piernas, no le obligue a hacerlo. Alternativamente también lo puede colocar a su costado izquierdo o derecho con la orden «¡A mis pies!» y después sentarse ante la línea de partida.

> Los perros poco experimentados deberán ser conducidos directamente a la salida. Si al cabo de unas cuantas repeticiones el animal ya se ha convertido en un profesional experto, se puede hacer que sea él mismo el que busque el punto de partida, para lo que usted se alejará despacio de la cinta de señalización.

> Una vez que su perro esté sentado y listo para comenzar, échese a un lado y colóquele el arnés de trabajo. Luego prepare la correa de búsqueda. Ahora es el momento de que el perro reciba la muestra de olor seguida de la orden «¡Huele!». La búsqueda de las huellas ya puede comenzar.

La *gymkhana,* diversión para los niños

CONSEJOS DE LA EXPERTA EN PERROS
Kristina Falke

¿No tiene ni idea de lo que va a preparar para el próximo cumpleaños de su hijo? Limítese a incluir al perro en el juego y organice una *gymkhana*.

PREPARATIVOS: Disponga un rastreo normal cuya evolución ha de ser muy identificable para los niños. Introduzca unas etapas intermedias; deben ser tantas como niños participantes en el juego.

COMENZAMOS: Uno de los niños se coloca en la salida y mantiene al perro sujeto con la correa. El animal huele el patrón de olor del «tesoro» y retiene esa pista.

JUEGOS POR ETAPAS: El perro lleva al niño hasta la primera etapa y los dos, de forma conjunta, deben realizar un trabajo. El perro, por ejemplo, deberá dar la pata. Luego se cambian y otro niño, con el animal y la ayuda del patrón de olor, vuelve a seguir el rastro hasta la siguiente estación, donde espera una nueva tarea que deberá cumplimentar el equipo formado por el niño y el perro. ¡Hay que ser lo más creativo posible!

TODOS PARTICIPAN: Antes de alcanzar el tesoro, todos los niños deben poder disponer al menos de una ocasión para ir con el perro. Una vez conseguido el objetivo se repartirán las correspondientes recompensas.

El lenguaje corporal del ser humano

A partir de ahora usted se debe mantener lo más posible en un segundo plano. Mientras que el perro olfatea, su dueño se limitará a observar al animal y cuidar de no señalarle, ni siquiera de forma inconsciente, la orientación adecuada. Para evitar que el perro realice la búsqueda con la vista en lugar de

Al echarse, este perro muestra que ha llegado al final del rastreo: está marcado con una cuchara medio enterrada en el suelo.

servirse del olfato, se deben tener en cuenta las siguientes indicaciones:

> Vaya siempre detrás del perro.
> Deténgase cada vez que lo haga el animal.

> Mantenga la mirada fija en un lugar específico, por ejemplo en la espalda del animal. Así sus ojos no delatarán la dirección en la que hay que seguir la búsqueda. Su cuerpo debe ir acorde con la marcha del perro, nunca deberá orientarse hacia la zona en que está el objeto que debe localizar.
> Si usted mismo ha colocado el rastro, sabrá muy bien dónde se encuentra el siguiente cambio de dirección. Mantenga la misma velocidad que el perro y no le señale, a base de caminar más despacio, que deberá alterar el rumbo que lleva en ese momento. Tampoco corrija la dirección de la marcha a base de tirar algo más de la correa, ya sea de forma consciente o inconsciente.
> Si no puede evitar delatarse por su propia expresión corporal, procure que sea un ayudante el que coloque el rastro.
> Para finalizar la búsqueda con éxito, el perro siempre deberá dar el aviso de mostrarle el objeto. En tal caso se da por supuesto que recibirá grandes elogios y una recompensa.

Ocúpese de las distracciones

Una vez que el animal haya alcanzado una cierta rutina, aumente el grado de dificultad a base de preparar en su casa unos posavasos impregnados de otros olores. Distribuya estas fuentes de olor a cierta distancia del rastro. El perro deberá detenerse y olisquearlos. En el mejor de los casos no se dejará desconcertar y buscará el rastro correcto. Si el animal se decide a avisarle a causa de uno de estos objetos, usted deberá ignorar su comportamiento.

Es necesario que el perro disponga de tiempo más que suficiente para constatar que sigue una pista errónea; si se obstina en su actitud equivocada deberá recibir un «Nee-nee» y permitirle que huela una vez más el patrón con el que debe trabajar en la búsqueda.

En el centro del barullo

No solo hay que incrementar la complicación del rastreo, sino también los estímulos del entorno: haga que el animal olfatee en lugares habitados. Congéneres, personas y animales, ciclistas y coches ofrecen muchas posibilidades para darse cuenta de que el perro trabaja bajo condiciones extremas. Los estímulos se deben acercar poco a poco al animal que ventea, y así podrá evaluar la distancia a partir de la que los estímulos estén demasiado cercanos a su mascota y su influencia provoque la distracción del animal. Si usted pasea con un grupo de perros olfateadores, puede hacer que varias personas que esperen les sirvan de distracción.

› Sea creativo y busque escondites para los objetos que se deben buscar. Los árboles, un montón de hojas, o un muro son muy apropiados. Los terrier son los que más disfrutan si se entierran tales objetos.

Se permite alguna pequeña señal

Cuando aumenta el grado de dificultad, a veces hay que ayudar un poco al perro para que logre el éxito y, en consecuencia, que no se rebaje su motivación. Influya de forma positiva en él:

› Utilice como objetos de búsqueda algo que constituya un punto fuerte para el perro, por ejemplo unos trocitos de queso, si el animal es un entusiasta de esa comida. Inclúyalos en el rastreo y, si es posible, en los tramos que sean nuevos para él. Puede tratarse de ángulos que usted convertirá en zonas plagadas de exquisiteces a base de colocar varios trozos de queso sobre el rastro.

› Motívele con la voz a base de elogiarle cada vez que dé un paso en la dirección adecuada. Acaríciele también si no se desvía demasiado de su tarea.

› Préstele una atención especial cuando el animal lleve su arnés de búsqueda.

Los troncos de árboles tirados sobre las pistas no suponen ningún obstáculo para un profesional del olfato. Es importante incorporar este tipo de distracciones para que, al final, llegue al objeto de la búsqueda.

No hay que olvidar el factor de diversión

Si usted observa que el perro sufre estrés durante el trabajo y, a pesar de las pequeñas ayudas como, por ejemplo, un «Nee-nee», no consigue que vaya hacia la pista adecuada, no habrá más remedio que proceder a la interrupción del rastreo. Dele la señal «¡Siéntate!». Si el animal obedece, usted deberá recuperar el objeto de búsqueda y colocarlo, junto a una golosina, a medio metro de su mascota, en un lugar visible. Después haga que se encamine a este objeto y recompénsele con prodigalidad; el animal no tendrá la sensación de haber fracasado. Luego conseguirá una bien merecida pausa y se marcharán juntos a casa.

Los puntos fuertes de cada perro

¿Tiene usted ganas de hacer más y más cambios? Puede conseguirlo a base de practicar cada vez en un lugar distinto o a una hora distinta. En los días de mucho calor su perro se mostrará muy satisfecho de buscar en la orilla o dentro del agua. La natación favorece la estructura muscular, fortalece el sistema cardiovascular y es muy divertida.

La condición previa para servirse de ese entretenimiento es, por supuesto, que el perro goce de buen estado de salud y que le guste mojarse. No le obligue, pues entre los perros también hay bastantes «no nadadores convencidos». En tales casos es imprescindible que reciba un elogio cada vez que el animal se atreva a mojarse las patas.

Precaución con el agua

Antes de enviar a su perro a una búsqueda en el agua deberá asegurarse de que bajo la superficie no haya nada que sea afilado o duro y pueda dañarle si el animal se lanza de cabeza al agua a base de un temerario salto. Para evitar que se enrede con los juncos o las plantas acuáticas, lo primero que debe hacer, por precaución, es sujetarle por el collar.

En caso de que la temperatura exterior o la del agua sean demasiado bajas, después del baño es necesario secar al perro. ¡Evite a toda costa un catarro canino! En primavera hay que prestar especial atención a las aves acuáticas o animales silvestres que pudieran criar por los alrededores.

Pistas en el agua

Para colocar un rastro siempre debe llevar puestas unas botas de agua. También puede echarse a nadar y dejar tras de sí el objeto de la búsqueda (que puede ser un *dummy*). Independientemente del tiempo, se puede servir de una caña en cuyo extremo vaya un cordel del que cuelgue el objeto de la búsqueda. De esa forma se amplía mucho el radio de acción al que puede llegar el objeto. Al principio solo se debe trabajar en aguas tranquilas para evitar el peligro de que el perro pudiera ser arrastrado por la corriente. Para los avisos hay que servirse de variantes del «trabajo en seco»:

› Si el agua es tan profunda que el animal no puede hacer pie, deberá traer el objeto de búsqueda. En ese caso utilice, por ejemplo, multicolores *dummys* acuáticos. Flotan en la superficie y el perro puede arrastrarlos con toda facilidad. ¡A algunos perros también les encanta bucear! Para estos *perros-pez* el objeto puede colocarse debajo de la superficie del agua.

› Si el perro se encuentra en un agua que le llega hasta media pata, entonces puede notificar su hallazgo por medio de un «¡Siéntate!» o bien con el *bringsel*.

¡Muy adecuado para los *peces caninos*! Una búsqueda en el agua es muy normal.

Piense en todo momento que el ejercicio en el agua es mucho más fatigoso que en tierra, lo que exige terminar con el trabajo antes de que el perro se quede agotado, luego es necesario secarle, darle un poco de agua fresca y dejarle descansar.

Búsqueda nocturna

¿Está usted ocupado por el trabajo durante todo el día? Entonces también podría juntarse con su perro para practicar el arte del olfateo durante la noche o en el ocaso. Puede ser una gratificante experiencia para ambos. Los animales de vida nocturna hacen una serie de ruidos que suelen ser bastante distintos a los provocados por otros seres vivos de actividad diurna. Conceda a su perro el tiempo que sea suficiente para que se acostumbre a la nueva situación, de esa forma se podrá concentrar mucho mejor en la tarea de rastreo.

Si su perro muestra alguna inquietud o miedo en la caída del sol, no deberá obligarle a hacer búsquedas nocturnas, pues ese miedo se podría proyectar en su rendimiento de rastreador.

De paseo en la oscuridad

Durante la noche se ve mal y el resto de personas también percibirá su presencia mucho más tarde:

› Asegúrese de que el perro no sufra accidentes a base de colocar marcas reflectantes en ambas caras del arnés del animal. Una cinta luminosa en el cuello (incluso con luces parpadeantes) aporta mucha seguridad.

› Marque la línea de salida con elementos reflectantes para que ni usted ni el animal se puedan enredar en ella. Dele bastante correa pero no tanta como para perder el control de él; son suficientes, por ejemplo, unos 3 m.

› Piense en sí mismo: un chaleco y unos pantalones de emergencia en los que vayan sujetos parches reflectantes son piezas imprescindibles en su equipo.

› En caso de necesidad lleve también una linterna o una luz frontal, como las que usan los mineros. También debe darle tiempo a sus ojos para que se acos-

El perro debe poder ser reconocido incluso en plena oscuridad. Un chaleco de emergencia con elementos reflectantes es obligatorio en el equipamiento del animal.

tumbren a la oscuridad: recuerde que eso nunca podrá llegar a conseguirlo si siempre lleva encendida la linterna.

› Usted tendrá que observar a su perro y sus avisos en la oscuridad, además de ir con cuidado para no tropezar. Al principio, lo mejor es que sea usted mismo el que coloque el rastro, y que lo haga aún con luz diurna para disponer de tranquilidad.

› Si es un ayudante el encargado de dejar las huellas, lo primero que deben hacer es comentar el tema. Las pinzas de la ropa pueden pasar desapercibidas en la oscuridad. En estos casos es preferible preparar un esquema en el que se marquen las características fundamentales del recorrido como, por ejemplo, un lugar en alto o los rótulos de las calles.

› Si usted no se encuentra cómodo o padece cierta inseguridad en la oscuridad, lo mejor es que vaya acompañado. Una actuación segura y consciente por su parte es importante para que el perro consiga el éxito en su búsqueda.

La búsqueda de los amos

El perro se sentirá muy satisfecho si usted se convierte en su objeto de búsqueda: de hecho es su persona de referencia, con la que mantiene estrechos lazos de unión.

Un nuevo equipo

Hasta la fecha siempre ha acompañado al perro en sus búsquedas, pero ahora precisará de un ayudante, ya que es usted mismo el que se esconderá al final del rastro.

› Para esta variante de trabajo de olfatear es condición previa que exista una conexión armoniosa y de confianza entre su ayudante y el perro. Él (o ella) debe haberle acompañado en varias ocasiones en sus paseos y saber cómo reacciona el perro.

› El ayudante debe utilizar las mismas señales acústicas que use usted. También, en caso necesario, los ademanes deben ser idénticos a los suyos. Además, por supuesto, es imprescindible que conozca la marcación de las pistas.

› Tómese tiempo para que el ayudante muestre que sabe manejarse con la correa. El perro no debe sentir inseguridad por el hecho de que al otro extremo de la correa vaya una persona extraña. Los rituales de inicio deben ser los mismos que utiliza usted.

Un entorno de ciudad ofrece muchos estímulos para el perro. Su nariz debe trabajar a pleno rendimiento si quiere llevar a término su trabajo...

Colocar el rastro

Para colocar las huellas se precisan objetos que estén impregnados del olor personal del amo de la mascota, por ejemplo, un gorro o una bufanda. En esta ocasión no debe llevar guantes desechables, pues su patrón de olor debe quedar adherido a todos los objetos de búsqueda. Ahora coloque el rastro y algunos posibles hallazgos a lo largo de todo el recorrido: de esa forma estimulará al animal para que realice la búsqueda. Luego deberá informar a su auxiliar (mejor a través del móvil) de que puede comenzar con la búsqueda. Después del ritual de inicio el ayudante dará la orden: «¡Huele!» y luego pronunciará el nombre de usted. Recorrerá el camino en compañía del perro y tendrá en cuenta que el animal vaya avisando correctamente de los objetos. Una vez que llegue hasta usted, deberá dar el aviso correcto.

Si su perro es de los que se divierte a base de buscar personas, también puede dedicarse a localizar a otros miembros de la familia. Si usted recoge a los niños en el colegio, podrá hacer que el animal localice el camino hasta la escuela a base de proporcionarle un patrón de olor procedente, por ejemplo, del gorro de uno de los niños.

Condiciones de mayor dificultad

La búsqueda dentro de una ciudad supone un punto fuerte y un puro *jogging* cerebral para el perro. Para el olfato del animal existen muchas tentaciones olfativas: aroma de comida, personas y perros, etc. En defi-nitiva, una auténtica multitud, un torbellino de olores que sobrevuela por encima del animal. En estos casos se precisa de cierta preparación:

› Es necesario comenzar en una tranquila calle secundaria.

› Al principio la búsqueda debe discurrir con el comercio aún cerrado: en esos momentos hay menos olores y menos gente que de costumbre, con lo que el perro podrá concentrarse mejor en su tarea.

› Luego métase un poco más en la ciudad y siéntese en un banco.

› El ayudante proporcionará al perro una muestra de olor de su amo y le dejará que la olfatee.

› Una vez que el perro le encuentre, deberá dar el aviso correspondiente y luego recibirá su recompensa.

... y encontrar a su dueño. La inmensa alegría por el reencuentro.

No funciona

Una y otra vez ocurre que algo no funciona bien en el adiestramiento. Y eso a pesar de haber seguido con todo rigor los consejos de este libro. No se desanime. Compruebe las indicaciones que figuran a continuación, están dedicadas a *clásicos* de los problemas caninos y le pueden servir de ayuda.

No existe una fórmula única

¡Tenga en cuenta que su perro no quiere molestarle y que no se equivoca de forma intencionada! Esta es una máxima que siempre debe tener muy presente en su memoria. Si su mascota muestra durante el adiestramiento una actitud que no es del gusto de su dueño, eso quiere decir que no ha entendido lo que se espera de ella y no sabe lo que tiene que hacer para acceder a las deseadas golosinas. ¡Se trata de dos problemas cuya solución recae tan solo en usted!

Utilice grabaciones de vídeo y el diario del rastreo para observar dónde pueden estar las posibles fuentes de los fallos. En primer lugar deberá examinar su propio comportamiento, su lenguaje corporal, la comunicación que haya transmitido a través de la correa e incluso su estado de ánimo. Todos esos factores pueden ser responsables de los éxitos y los fracasos. A continuación lo que debe hacer es examinar a su perro de la misma manera que lo ha hecho consigo mismo. Por último evalúe el conjunto de condiciones exteriores, como pueden ser la del tiempo meteorológico, la temperatura, el estado del suelo, las marcas en el terreno y los rastros.

Hay que relajarse

¿Tiene usted la sensación de que a usted o a su perro se les ha hecho un nudo en el cerebro y no hay forma de aflojarlo? En tal caso lo mejor es tomar una cierta distancia con respecto al problema. Es muy sencillo: haga una pausa en el adiestramiento. Hay muchas otras formas con las que usted y su mascota podrán entretenerse razonablemente bien. ¿Qué le parecen, por ejemplo, algunos sencillos ejercicios de obediencia básica o unos circuitos de *jogging* o prácticas de agilidad canina (*agility*)? También puede buscar nuevas zonas de paseo apartadas de las rutas más habituales en las que usted se relaje y el perro encuentre algo nuevo que olfatear. Al terminar la pausa de adiestramiento a lo mejor recibe la sorpresa de que los problemas anteriores se han disuelto en el aire. Si no ocurriera así, al cabo de dos o tres semanas puede que ya sea capaz de abordar todo con un estado de ánimo más fresco y con plena ocupación mental.

Soluciones a los problemas derivados del trabajo de olfatear

En las próximas páginas voy a describirle algunas situaciones con las que tienen que pelear muchos propietarios de perros en el curso de las prácticas de olfateo. Si ha mantenido hasta el momento la estructura prevista del adiestramiento, los problemas deberán esfumarse de una forma muy rápida. La mayoría de las veces es suficiente con retroceder un paso en la preparación del perro y consolidar lo aprendido hasta ese momento. ¡No se desanime y conserve la motivación!

Mi perro se lanza de inmediato sobre su objetivo

Problema. El perro ignora los rastros y hace la búsqueda con la vista para encontrar enseguida el objeto.
Solución. Será fácil engañarle sin más que colocar unas golosinas suplementarias en el próximo rastro que vaya a seguir. Si él se lanza directo sobre su objetivo sin prestar atención a las pistas, regrese junto a él y muéstrele todo lo que se ha *perdido*. El animal no precisará de una segunda ocasión para *saber* que se ha dejado algo por el camino.

Mi perro se queda siempre parado

Problema. El perro interrumpe la búsqueda del rastro y se dedica a volver la cabeza hacia usted.
Solución. Lo que busca su perro es mantener el contacto visual con su dueño. Puede ocurrir que usted, de forma inconsciente, le marque de nuevo la dirección y él se pueda volver a orientar.
Lo mejor es que usted procure no mostrar una actitud delatora debido a su postura corporal. Para que él desplace de nuevo su foco de atención hacia el rastro, motívele con palabras que lo hagan volver a buscar. Pronuncie de nuevo la palabra que sirva de señal de búsqueda. Él mantendrá la tarea que se le ha propuesto tan solo a partir del momento en que haya inspirado la muestra de olor, después puede usted estar seguro de que ya empezará con su olfateo en la forma adecuada. Por otro lado, si ocurre que el animal se siente sometido con frecuencia a cierta presión por no

Deje que el perro tenga algo de distracción y después continúe con los trabajos de adiestramiento.

ser capaz de cumplir con las exigencias de su amo, la consecuencia razonable será la de que aparezca una frustración.

Mi perro se distrae

Problema. El perro tiene problemas en su actitud de concentración en la búsqueda y rápidamente se siente distraído por cualquier ruido u otros perros.

Solución. Lo primero que tiene que hacer es consultar su diario de rastreo. ¿Ha aumentado usted demasiado deprisa el adiestramiento con el animal sometido a distracciones, de forma que los estímulos exteriores ejercen demasiado efecto sobre su mascota? Averigüe las condiciones bajo las que su perro trabaja de la mejor forma posible y a partir de esa situación comience a introducir elementos de distracción.

Sírvase de ayudantes que sujeten al animal a cierta distancia y después pídales que se acerquen a usted hasta el momento en que el perro se distraiga; ese es el umbral de estímulos a partir del que debe comenzar de nuevo el adiestramiento. El ayudante retrocederá ahora medio metro y se moverá de un lado a otro, siempre dentro de ese límite de separación, pero de forma que el perro siga el rastro que usted ha dejado y no se interese ya por esta persona que ha servido de ayudante. Por su parte, este ayudante deberá mantener una actitud pasiva. Usted no debe mirar al perro, hablarle ni tocarle. Su mascota no tardará en darse cuenta de que olfatear es mucho más interesante que preocuparse de los extraños. Adiéstrele después con niños, practicantes de *jogging* u otros «factores de perturbación». Para adiestrarle en que no debe distraerse con otros congéneres, lo mejor es pedir al ayudante que pase cerca de él con un perro, sujeto por la correa, y que sea lo más tranquilo posible.

Mi perro no avisa de forma adecuada

Problema. Su perro está pleno de euforia y, de pura excitación, se le olvida dar el aviso de localización del objeto de la búsqueda o lo hace cada vez de una forma distinta a la anterior.

Mi perro **busca con demasiada prisa**

CONSEJOS DE LA
EXPERTA EN PERROS
Kristina Falke

Si alguien hace algo de buena gana, lo hace con pleno convencimiento. Por esta causa el *tempo* de trabajo de su mascota durante la tarea de olfatear puede transformarse en un rápido trote, y es posible que usted tenga auténticos problemas para seguir su ritmo

ENCONTRAR UN COMPROMISO: Su perro no debe perder la motivación a causa de los continuos frenazos que usted imponga a su actividad. Sin embargo, tampoco debe mantener ese alto ritmo de base, pues eso le forzará a trabajar de una forma desordenada y confusa. Además usted tampoco debe sentirse demasiado exigido por el *tempo* de la marcha ya que incluso podría llegar a producirle alguna lesión.

CARENCIA DE EXIGENCIAS: Si su perro busca con demasiada prisa, podría significar que se siente falto de exigencias. Usted puede poner remedio a esa carencia a base de prepararle un rastreo más comprometido.

TIEMPO MUERTO: Implante a medio plazo la señal de «¡Alto!». Ante esa orden el animal debe mantenerse quieto y usted podrá disponer de un breve tiempo muerto que le permita recuperar la orientación. Después de otra señal, por ejemplo «¡Sigue!», debe ser capaz de volver a captar el rastro y continuar con su trabajo.

Solución. Este comportamiento aparece, sobre todo, en perros muy activos, jóvenes y demasiado fanáticos.
> Regrese al adiestramiento básico para los avisos. Practíquelo de nuevo sin que existan elementos de distracción, lo mejor es hacerlo en casa, en un ambiente ya conocido. Valore si la forma de aviso que usted ha elegido es la más adecuada para su perro. ¿Podría preferir traer un objeto que avise de la localización de su botín en lugar de atender la orden «¡Túmbate!»?
> Trabaje con los avisos una y otra vez. En principio deberá aumentar las distracciones si su perro vuelve a casa con un cien por cien de avisos correctos por haber encontrado el objeto, sin que le hayan hecho efecto los estímulos exteriores. Sea meticuloso. Ahora incremente a base de pequeños pasos intermedios la situación de salida; hágalo de forma que el perro nunca pierda el control. Los perros muy activos reconocen de inmediato que solo obtendrán su recompensa a cambio de dar el aviso de la forma adecuada. ¡Deje que disponga del tiempo suficiente para acabar de entenderlo! Un consejo: procure además que el perro ejecute todas las se-

El perro ha puesto todo su entusiasmo en olfatear el objeto de la búsqueda, pero existe el problema de que no lo avisa de forma correcta. Trabaje con los avisos sin mezclarlos con los rastreos.

ñales que reciba justo como usted desea que lo haga. Los perros muy activos se sienten encantados de escurrir el bulto sobre el tema del aviso, porque lo que realmente les gusta son los trabajos de rastreo. Para acabar de pulir su comportamiento, lo más adecuado es servirse también del *clicker* (ver páginas 22 y 23).

Mi perro no lleva la búsqueda hasta el final

Problema. Es señal de que el animal está sometido a estrés o no se siente motivado. No termina el rastreo.
Solución. En realidad, llegados a este punto ya es demasiado tarde, pues hay que acabar cuando todo está en su mejor momento. Tan pronto como observe que el perro no se afana con el tema y que usted es incapaz de motivarle, deberá darle su apoyo. En caso necesario también podrá preparar el rastro con unas sabrosas golosinas o dirigirle algunas palabras de elogio: en resumen, mueva todos los cables posibles. En la medida de lo posible, coloque las golosinas más cerca del final del recorrido y después limítese a interrumpir la búsqueda.
> En el futuro los recorridos deben ser más cortos, de esa forma el perro podrá continuar la búsqueda hasta llegar al final. Después aumente poco a poco la distancia.
> Para elevar la motivación del animal, el consejo de los profesionales en el tema del rastreo es que hay que llamar de forma continua al perro antes de que llegue al final de la pista. Su mascota olerá que el rastro aún continúa pero que debe renunciar a él. Esto significa que la próxima vez trabajará con más gusto: a partir de ahí ya se servirá de la forma acostumbrada para avisar de que ha localizado el objeto de la búsqueda y que, en consecuencia, se merece una recompensa.

No tengo confianza en el perro

Problema. Usted se mueve de un lado a otro con el perro y de repente llegan a un lugar en el que usted duda sobre dónde continúa el rastro. Su expresión corporal y el hecho de sujetarle corto por la correa señalan a su mascota que se siente inseguro.

Solución. Si usted tiene dudas acerca de que el perro esté o no en el rastro adecuado, solo deberá moverse en la línea del recorrido cuya evolución conoce con precisión. Cuanto más se entrometa usted, más responsabilidades asumirá (responsabilidad que debería corresponder al animal). En los siguientes trabajos de búsqueda el perro le *preguntará* por sus próximos pasos. Si lo que desea es conseguir un rastreador que utilice la mente y trabaje seguro de sí mismo, solo le queda una alternativa: bríndele toda su confianza.

En el peor de los casos, siempre podrá recurrir y preguntar al ayudante que colocó el rastro. Quedará muy sorprendido de cómo el animal, a pesar de sus dudas, alcanza la meta deseada.

Además siempre puede asegurarse a base de confiar ciegamente en el perro en recorridos cortos y luego ampliarlos poco a poco. El desconocimiento del trazado es importante tanto para usted como para su perro, pues es la única forma de evitar que su lenguaje corporal o la orientación de su mirada transmitan al perro alguna posible pista. Siempre debe mantenerse de forma neutral y nunca influir en su mascota, ni de forma positiva ni negativa. Cuanto mayor sea el éxito común conseguido, más crecerá su confianza en el animal. No cabe conseguirlo a la fuerza, sino que hay que darse tiempo, tanto a usted mismo como a su perro, para tener la oportunidad de poner a prueba sus respectivas capacidades.

Me pierdo una y otra vez

Problema. Mi perro lo hace de maravilla, pero yo tengo un problema de orientación y, por ejemplo, no soy capaz de encontrar el camino de vuelta al punto de partida.

Solución. Lo mejor es que se ponga de acuerdo con su ayudante para, antes de iniciar la búsqueda, repasar otra vez las marcas. Todos los colores de las pinzas para la ropa (ver página 45) deben servirle para definir de forma inequívoca los ángulos y curvas que debe

¿Por dónde va el rastro? Practique con paciencia y no dude en confiar en que ese profesional del olfato que es su perro le llevará por el camino correcto.

recorrer. Si tiene usted dificultades con los ángulos, busque más pinzas de la ropa que sean de otros colores y le sirvan para definirlos con la mayor claridad posible; por ejemplo, una pinza blanca puede significar que desde ese lugar debe moverse en ángulo de 45° y si la pinza es negra el ángulo es de 90°. Si le parece que las marcaciones de las pinzas están demasiado separadas, no dude en pedir al ayudante que ha colocado el rastro que la próxima vez la distancia entre ellas sea un poco más pequeña.

> Muchos propietarios encuentran difícil concentrarse a la vez en el perro, la correa y las pistas colocadas. Para estos casos lo mejor es practicar ejercicios sin perro. Pida a su ayudante que coloque un rastro y recórralo usted por sí mismo sin ayuda del perro. Puede servirse de un cuaderno de notas para apuntar las zonas en que ha encontrado mayores dificultades. Reseñe los puntos clave para trabajar en ellos durante el siguiente recorrido.

> También puede hacer prácticas de lectura de mapas y con el manejo de la brújula (ver página 27).

Interpretación y comportamiento

¿Entiende usted el lenguaje canino? Aquí comprenderá lo que quiere expresar su perro con su forma de comportarse.

Cachorro muy juguetón

El perrito travieso juega con su querido muñeco de trapo.

Los cachorros no se pueden concentrar durante mucho tiempo. Al cabo de una breve sesión de olfateo siempre deben tener la oportunidad de relajarse y descansar.

Nariz alzada al viento

El perro mantiene levantado el hocico y olfatea de forma entrecortada.

Esa técnica respiratoria le posibilita la captación de muchas partículas olorosas para luego procesar las informaciones en su *central de olores* del cerebro.

El perro baja el hocico para rastrear el suelo

Los perros captan su entorno gracias, sobre todo, a la ayuda de su nariz.

Usted podrá conocer mejor a su perro si se fija en su forma de olfatear. Observe su nariz, sus orejas, su tensión corporal y su cola (en el lenguaje profesional a eso se le llama *leer al perro*). Usted podrá asegurar de modo muy fidedigno la forma en que va a reaccionar su mascota frente a determinados estímulos.

A buen paso

Un perro que no está sujeto por la correa suele avanzar al trote.

El *tempo* de trabajo de un perro es más elevado que el de una persona. ¡No le quedará más remedio que ir detrás de él cuando se dedique a rastrear!

Su perro le trae la bolsa de la comida

Algunos perros se sienten muy satisfechos de llevar algo en la boca.

El hecho de traer cosas es algo que muchas razas de perros llevan en la sangre. ¡Aproveche este comportamiento para que su mascota le avise al localizar un objeto durante el rastreo: es algo que entusiasma a los retriever!

10 consejos para el éxito

Garantía de bienestar para el perro rastreador

1 EL EQUIPAMIENTO CORRECTO

Un arnés bien asentado para el perro así como un calzado fuerte y ropa resistente a la intemperie para su amo son los elementos necesarios para que el trabajo de olfatear resulte divertido, sin que influya para nada el tiempo meteorológico. Si van a caminar durante el crepúsculo, usted debe vestir un chaleco reflectante y el perro debe contar con parches luminosos colocados en el collar; les rendirán un magnífico servicio al permitir que los demás les puedan ver.

2 CON EL ESTÓMAGO VACÍO

El perro debe comer por última vez unas cuatro horas antes del comienzo de la búsqueda. Eso incrementará su motivación y, además, evitará una peligrosa torsión de estómago (*torsio ventriculi*).

3 UN BUEN ESTADO DE ÁNIMO

El trabajo de rastreo solo se debe iniciar cuando usted mismo se encuentre relajado y de buen humor. Su estado de ánimo se transmitirá a su mascota y nada se opondrá al éxito de la búsqueda. Si está usted bajo los efectos del estrés o dispone de poco tiempo, lo mejor que puede hacer es dar un relajante paseo.

4 SIEMPRE DEBE LLEVAR AGUA

Llevar algo para que beba el perro es algo que siempre debe formar parte del equipamiento básico de una excursión larga. El esfuerzo del animal, tanto físico como mental, le acarrea una elevada necesidad de agua y el perro sentirá bastante sed durante el trabajo de rastreo. Sin una abundante aportación de líquido no podrá rendir de forma efectiva.

5 NO SE DEBE TENER UN EXCESO DE AMBICIÓN

Transmita a su perro una presión adecuada para su formación y rendimiento, pero no le exija en extremo. La diversión debe estar siempre en primer plano, pero sin presión los resultados del aprendizaje desaparecen muy deprisa.

6 HAY QUE JUGAR

A lo largo del adiestramiento hay que incorporar siempre una fase de juego que contribuirá a que el perro se recupere y relaje y elimine de esa forma la energía que le sobra. Al cabo de pocos minutos ya estará preparado de nuevo para concentrarse y trabajar con usted.

7 DOSIFICAR BIEN LA DURACIÓN DEL ADIESTRAMIENTO

Interrumpa siempre la práctica cuando esté en su mejor momento y su perro mantenga aún el entusiasmo por el tema. Mantendrá el interés del juego y hará que su mascota se sienta satisfecha cuando lo practiquen en la próxima ocasión. Si el animal muestra estrés debido al trabajo de rastreo, haga que le resulte fácil encontrar el objeto buscado cuando llegue al final del rastro. Elogie su conducta, acaríciele y déjele libre el resto del día a fin de que se recupere.

8 RELAJAR A BASE DE MASAJES

Cualquier perro se siente muy satisfecho cuando le dan un masaje. Él se puede dedicar a dormitar mientras usted le relaja los músculos y ligamentos. ¡Los masajes también son aconsejables durante el adiestramiento!

9 VIAJE EN COMÚN

¿Hay veces en que usted se siente inseguro ante el trabajo de olfatear? ¡Busque personas con sentimientos afines! El trabajo conjunto ahorra tiempo y el *feedback* que obtenga le resultará de provecho porque siempre surge algo interesante en la interacción entre el perro y el ser humano.

10 DEBE PERMITIRSE LA RECUPERACIÓN

Dele a su perro una prolongada fase de descanso después del adiestramiento y permítale dormir. De esa forma se relajará y, además, le dará la posibilidad de procesar todo lo aprendido y almacenarlo en su cerebro. Si está motivado y en buena forma será capaz de abordar a la perfección los nuevos desafíos.

SOS, ¿qué hacer en caso de urgencia?

El perro no quiere empezar

Problema: El animal ignora la invitación que se le hace para que comience el trabajo de búsqueda.

Solución: Su perro puede estar distraído a causa de otros estímulos. Deje que antes de comenzar haga un reconocimiento del entorno. Dele la posibilidad de distenderse.

Exceso de motivación

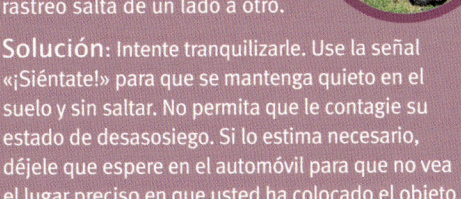

Problema: El perro está inquieto y al comienzo del rastreo salta de un lado a otro.

Solución: Intente tranquilizarle. Use la señal «¡Siéntate!» para que se mantenga quieto en el suelo y sin saltar. No permita que le contagie su estado de desasosiego. Si lo estima necesario, déjele que espere en el automóvil para que no vea el lugar preciso en que usted ha colocado el objeto que él debe rastrear.

El perro va a su aire

Problema: El perro interrumpe el rastreo y sigue pistas desconocidas.

Solución: Practique en zonas que ofrezcan pocas distracciones. Asegúrese al principio de que el animal capta el rastro correcto. Déjele bien claro que el premio solo le llegará si sigue su rastro.

Miedo al arnés

Problema: Su perro no se deja colocar el arnés de rastreo.

Solución: Averigüe si lo lleva bien ajustado o si hay zonas en que le aprieta o la responsable es una llaga que exuda. Si ha descartado esas posibilidades, entrénese a base de colocarle el arnés en casa con la mayor tranquilidad posible. Ponga una golosina de forma que, para llegar a hacerse con ella, el animal deba pasar la cabeza por el arnés. Elogie su comportamiento ante cada paso que dé en el sentido adecuado. Una vez que ya lo tenga totalmente ajustado, hágale objeto por un breve espacio de tiempo de atenciones y caricias. Después quítele de nuevo el arnés; solo debe llevarlo puesto el tiempo imprescindible.

Problemas cardiocirculatorios

Problema: Al cabo de muy poco tiempo de ejercicio el perro empieza a respirar entrecortadamente, jadea y ofrece signos de padecer estrés.

Solución: Disminuya el esfuerzo físico del ejercicio. Para el rastreo solo se elegirán trayectos cortos que, en la medida de lo posible, deben discurrir por zonas llanas; haga pausas frecuentes. Lleve siempre consigo algo de agua y controle la frecuencia del pulso.

INDICE ALFABÉTICO

Los números de páginas en **negrita** se refieren a texto explícito o implícito en las ilustraciones.